株で3億稼いだサラリーマンが息子に教えた投資術

矢久仁史
藤井ひまわり［まんが］

双葉社

はじめに

私、矢久仁史とは何者か？

30年間の地道なサラリーマン生活。株で稼いだのは3億円

私は都内のメーカーに勤務する55歳のサラリーマンです。仕事は営業企画。顧客のニーズをヒアリングして、顧客の意向に添った形に自社商品をカスタマイズして販売するのが私の仕事です。

今の会社で働いて30年。社内でも一定の評価も受けており、順風満帆なサラリーマン人生といっていいでしょう。

家族は、大学時代の同級生だった妻との間に大学生と高校生の息子が２人います。息子たちの名前は、大学生は大河、高校生は飛鳥。いずれの名前も、趣味の海外旅行に出かけた際、大河はインドのガンジス川を目の当たりにしたとき、飛鳥は飛行機に乗って〝飛〟んでいるときにひらめいた名前です。

自宅は東京の新宿駅から急行で30分程度の場所に建つ、一戸建てに住んでいます。海外旅行だけでなくゴルフも趣味で、年に50回はラウンドしています。そして年末年始は家族４人で海外旅行に出かけ、そのときもラウンドは欠かせません。

こんなハイシーズンに家族４人で海外旅行となると、その費用は1回の旅行で１０0万円では到底足りません。正直言って高いです。でも、家族の毎年の恒例行事になっているので、息子たちが独立するまでは続けると思います。普通のサラリーマンの私が、なぜこんなにゴルフや海外旅行に行けるのでしょうか？

その秘密は……株式投資、なのです。

そう私は、約30年間、仕事の合間に株式投資を行い、今までに3億円を稼いだ投資家であります。

「30年3億円って、少ないじゃん……」とお思いの方もいらっしゃるかと思います。最近の書店の投資コーナーに並ぶ本を見てみると、1年で2億円、３年で10億円などと、素晴らしい実績をあげられた方の本がズラリと並んでいるので、そう思われても無理はないでしょう。

しかし私は、外資系証券会社の元ファンドマネージャーでもなければ、専業のデイトレーダーでもありません。さらに信用取引もしないし、現物株を買うのみです。

株価のチェックは基本、朝と夜の通勤電車の中と昼休みしか行いません。したがって、多くのサラリーマンにも十分に実現可能な方法で資産を築きました。

息子たちに50万円ずつ渡し、投資法を教える

こんな私の投資法を、株のことなどコレっぽっちも知らない息子たちに教えたら、いったいどうなるのだろうか……と思い、息子たちに50万円ずつ渡して投資をやらせてみることにしました。その際に、2人の息子たちに教えた投資手法を1冊の本にまとめたのがこの本です。

2014年よりNISA（＝少額投資非課税制度）が始まり、サラリーマンでも簡単にそしてお得に投資ができ、さらに2016年からは、「ジュニアNISA」という制度が始まり、なんと0歳！からでも投資ができるようになりました。

当然ながら、赤ん坊たちにパソコンやスマホをいじって株取引をしてもらうのを目的としてできた制度ではなく、株の売買によって得た利益にかかる税金が子供の人数に応じて少なくなるというものであり、家計の安定的な資産形成の支援を図るための一環として設けられたものであります。

このように最近は、株が手軽に、そしてお得にできる環境は整っています。だが、

大半の大人たちはいまだ、「投資は怖い…」「危ない…」とのイメージを持っているケースが多く、NISAをはじめ株式投資は、いまひとつ盛り上がりに欠けていると言わざるを得ません。なぜ盛り上がらないのか？ それは投資についての教育を受ける機会がなかったことが大きな要因ではないかと思っています。

だれでも「経験がない」「知らない」ことに関しては、反射的に「危ない…」「怖い…」というイメージを持つのも無理はないことです。

少し話が逸れますが、皆さんは「彗星」と聞いて、何を思い浮かべますか。

今では彗星の到来は珍しい天文ショーとして、多くの人が家族や恋人たちと、空を見上げる楽しいイベントになっていますが、わずか100年ほど前の明治時代までは、「彗星＝危ないもの」として多くの人に恐れられていました。

『大彗星、現る。』（渡部潤一、吉田誠一／KKベストセラーズ刊）によると、明治43（1910）年にハレー彗星が地球に接近した際、その尾の中を地球が通過する前後5分間は空気がなくなるとの噂が立ち、自転車のチューブを買い占める者が出てきたり、どうせ死ぬならと全財産を遊興につぎ込む人が出てきたりなど、今では考えられない騒動が起きたとのこと。まさに知識のなさが生んだ騒動ではないでしょうか。

息子たちに稼げるチャンスを見過ごしてほしくない

株について話を戻しますと、年に1～2回は暴落する時もあります。

しかし、株の性質を正しく理解して損失を限定的に抑えることができれば、株価が大きく下落したとしても儲けは着実に積み上がっていくのです。

そのための知識を知っている人とそうでない人との差は、ものすごく大きいです。知識がないために、せっかくの儲かるチャンスを手にできない人、儲かると思って行動してみたが、その正しい手法についての知識がないために損をしてしまう人。どちらも残念なことです。

日本人は「お金の話」をすると良いイメージを持たない人が少なからずいます。そのくせお金を欲し、とても興味を持っている人が多いのも事実です。興味があるのに大学までの学生時代、そして社会人になってもお金のテクニックを身につける機会はありません。

投資に関する教育を受けず知識を持っていない人でも、社会人になって貯金ができ始めると、投資の話をどこからか聞き、「やってみようかな…」と、突然始め出すケースが多いでしょう。

それで時流にうまく乗って儲かればいいです。しかし、投資を始めた人の8割以上の人が損をして、1年以内にやめてしまうというデータもあります。

何の知識もないのだから無理はないことです。いわば、失敗するのは当然です。

そしてまた「株はやっぱり危ない…、絶対にダメだ…」との印象を持ってしまう。

これが多くの人たちの株に対するイメージではないでしょうか。

私は息子たちには、損をしてほしくないです。そして間違った先入観により、稼げるチャンスを見過ごしてしまうような、もったいない生き方もしてほしくないのです。

社会人になって自分の希望する仕事に就きつつ、お金にもゆとりを持った人生を歩んでほしいと強く願っています。

そのために私ができることは、自分の株に対する知識をできるだけわかりやすく伝える、それだけです。

一番最初の株購入金額は、40万円

私の投資歴についても少しお話ししておきたいと思います。

今では出版社から「本を書きませんか」と言われるようになった私でありますが、決して全戦全勝の順風満帆な投資遍歴などではありません。

「投資」というものの存在をはじめて知ったのは小学生の時で、きっかけは当時流行っていた切手収集でした。年に1度発行される切手カタログを見ると、去年買った切手の一部の値段が高くなっていることに気付きました。

「持っているだけで値段が上がるんだ!」と、子供ながらに興奮したものです。

もちろん値上がりしたとしても、その額は大したことはないし、売るにしても手数料がかかるので、まったく儲かりはしませんが、値上がりする切手にはどんな特徴や傾向があるのかを調べるようになっていきました。切手収集をはじめた当初は、気に入った絵柄の切手を集めることが目的でしたが、将来値段が上がりそうな切手のみ買うこと、つまり「投資」目的での切手収集にシフトしていき、自分の読みどおりに値段が上がると、すごく喜びを感じたことを覚えています。

株については社会人になって間もない頃、会社の同期がやっていることを知り、見よう見まねで始めたのがきっかけでした。

時代は１９８７年、ちょうどバブル景気が始まった頃です。当初は何も知識はありませんでしたが、なぜか投資することに対しての恐怖感はありませんでした。一度買えば必ず上がると言われており、まさにイケイケの時代に始めたからかもしれません。

当然最初は私もどの銘柄を買えばいいかが分からず、会社の同期に聞いてみたところ、「買い方は教えるが、銘柄は教えない」と言われてしまい、仕方なく、マネー雑誌や証券新聞で取り上げられていたお勧め銘柄を買うことにしました。

株の購入資金は、当時付き合っていた彼女（＝今の妻）と結婚するために貯金していた２００万円のうちの40万円。

当時はインターネットなどなかった時代、平日の昼間に仕事を抜けて証券会社に行き、口座開設をして資金を預けておき、電話で注文をするという流れでした。

初めて買った新日鉄（１０００株）は、３ヶ月で３００円ほど値が上がり、約30万円の利益を手にしました。

損切りしたくてもできずに100万円損失

まさにビギナーズラックでしたが、株の世界にのめりこむには十分なインパクトでした。

「切手なんかより、短期間でずいぶんと儲かるじゃないか！」

今から考えれば笑える話ですが、当時の私は切手売買と株売買を同列で比較していたらしいです。（当時の私はデートの際にそんな話ばかりしていた、との妻の談）

そして、当初の元手の40万円と、新日鉄で儲かった30万円、さらにちょうどこの頃、無事結婚式を挙げ、その際に親族からもらったご祝儀の100万円を合わせた170万円で再び株を買い、私の株式投資人生がここからスタートしました。

当時の私は、業績のいい会社の株を買えば儲かると思っていました。

自分の手持ち資金で買える範囲の業績がいい銘柄を買う――当時の私の投資のセオリーはコレだけでしたが、運がいいことに実際に儲かっていました。

しかし、本格的に投資を始めて2年目頃に、その勢いに陰りが見えてきたのです。

業績がいいにもかかわらず値が動かない銘柄や、株価が下がったりする銘柄も出てきて、今までのセオリーが通用しないケースが頻発してきました。つまりバブル崩壊の時期だったのです。

当時はバブルが崩壊したとは思わず、下げ基調は一時的なもので、再び勢いよく株価は上昇するものだと信じて疑いませんでした。

そこで、株価が安くなったのをいいことに、多くの銘柄を買い足していきました。「トータルでプラスになればいい。分散投資でリスクも減るではないか！」と思い、いわばナンピン買いをしていったのです。

しかし株価は一向に回復せず、結局1993年の頃には損失が100万円を超えるほどにまで膨らんでしまいました。ここまで下がってしまうと、もったいなくて売れない〝塩漬け状態〟に陥ってしまいました。

「塩漬けはするな！　その前に損切れ！」

このフレーズは、ずっと前、証券会社に電話して売買していた時代からも散々言われていた言葉です。でも、実際に大きな含み損を抱えてしまった時、損切りしたいが損切れない……、これが現実なのです。

2002年、IPOで、一気にプラスへ

それから10数年の間、私の株式投資人生は暗黒時代を迎えることになります。

「あれだけ儲けることができたのだから、このくらいの損はすぐに取り返せる」と、過去の成功体験を拠り所にして、貯金を投入し、多くの銘柄を買い続けました。

「買わないと、居ても立ってもいられない……」

この頃の私はいわば、株中毒の状態になっており、持っている銘柄の管理もできないほど多くの株を買っていました。

売買の経験を重ねていくと、いくつかの銘柄で値動きのクセをつかむことができ、その銘柄を売買することでコンスタントに利益を出すことができていたりもしたのですが、結局のところトータルでは８００万円くらいの損失を抱えてしまい、売買をやりつつも、いつも心に大きなシコリが残っている状態が10数年もの間、続きました。

そんな私に転機が訪れました。それはＩＰＯです。ＩＰＯとは新規上場株式のことで、新たに上場する予定の株を上場前に公開価格で買い、上場後の株価との差益を取

私の儲け推移グラフ

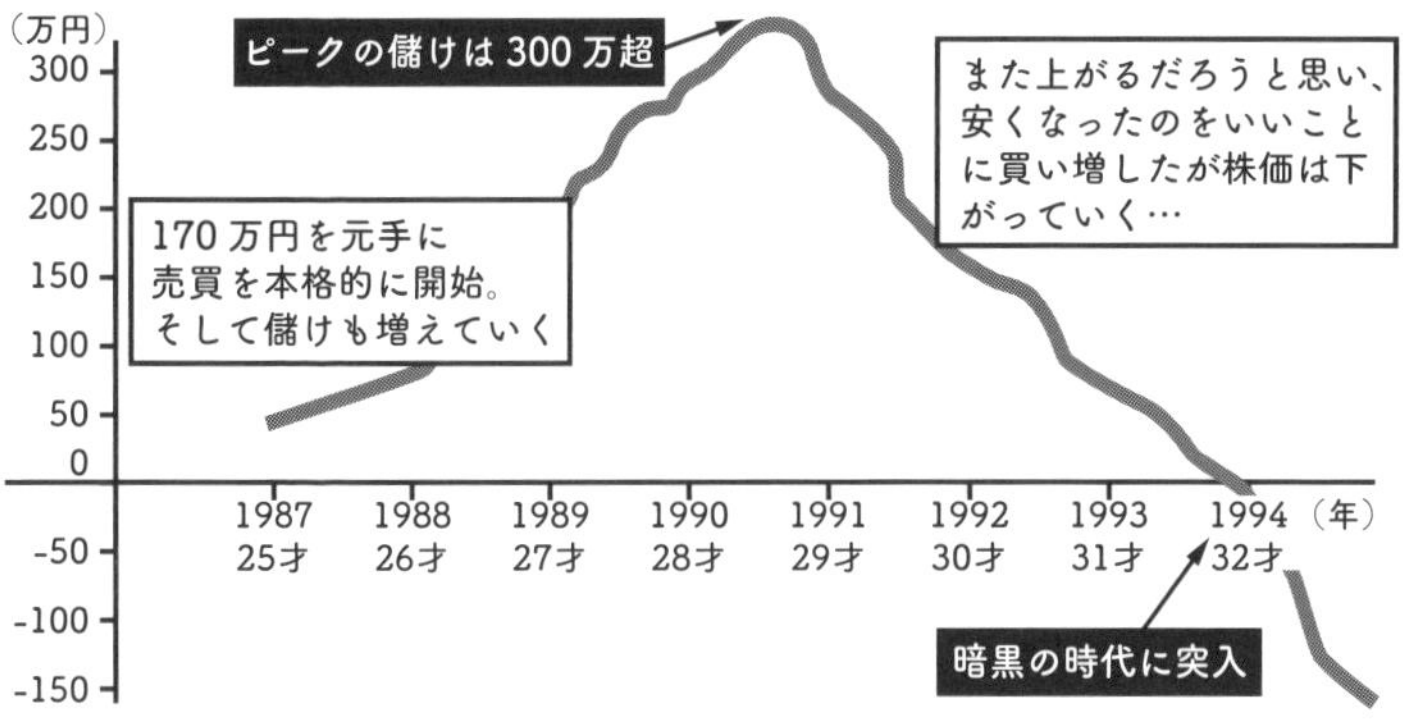

る取引のことです。

今では初値が公開価格を下回ることもあり、昔に比べると大きく儲かる確率が低下していますが、私がＩＰＯをやり始めた２００２年の頃は、値動きも比較的安定していました。

塩漬け銘柄を数多く預けていたある証券会社の営業マンから薦められたのがきっかけでした。最初は「そんなにいい話あるわけないだろ……」と疑ってかかっていましたが、実際は怖いくらいに儲かりました。

このＩＰＯの売買によって、今まで10年もの間抱えていた損失がチャラになるどころか、一気にプラスに転換したのです。

含み損がなくなった私は、本当にラッキーでした。心にずっと引っかかっていたシコリもなくなり、投資に対する意欲もさらに向上しました。

投資とはまず、「自分との心理戦」

投資に対して前向きになりましたが、それと同時に、再びあの暗黒の時代には戻りたくない――そう思い、今までの投資のやり方を改めて、以下のように6つの方針を大きく変えました。

①株に惚れない（買った銘柄を執拗に持ち続けない）
②出来高が極端に少ない銘柄はやらない
③チャートを見る
④移動平均線を見る
⑤一度決めたルールは守る
⑥方向性がわからないときはやらない

これに沿った売買をすることで、私の資産も安定的に増えていきました。私は投資とは心理戦であると思っています。

まずは自分の心との戦い。買った株が大きく値上がりして含み益があるが、この3日間は連続で少しずつ下がっている。

こんなとき……

「3日前に売っていればあれだけ儲かったのに、なんだか損した気分だ。もう売ってしまおうかな」

「それとも、また上がるかもしれないから、安くなった今、買い増ししようかな」

こんな時にも、一時の感情に左右されずにあらかじめ決めたルールに沿って売買できるようになるのが望ましいのです。

また、いかに冷静に対応できるかどうかも、とても大切なことです。

全面高になって「早く買わないといけない」と焦ったり、全面安になって「損しちゃう…」と慌てて売り注文に突っ走ったりしていては、市場全体を見る余裕もなくなりますし、いいことはありません。

この心理戦を制する者が株式投資で勝つ者であり、そのためには先ほど挙げた6つの方針が大切であると思っています。

息子たちに株を教える絶好のタイミングになった

夕食後、家で晩酌をすることがあります。そんな時、私は酔っ払ってくると、

「あいつらも大人になったら株をやって、お金について学んでほしいんだよなぁ」

と以前から言っていたらしいです。妻から聞きました。

でも実際には教えませんでした、というか、教えることができませんでした。

なぜなら私は、運任せの成功と、自らの原因による失敗（塩漬けの期間が10数年も続いた）しか知らなかったからです。

しかし今は、成功も失敗も、そして自らの欲望をコントロールする力も備わっています。そして息子たちも自分で考える力も身に付けてきて、社会に出ていく準備をする時期にもなりました。息子たちに株を教えるのは、まさに絶好のタイミングだと思ったのです。

「財産」の「財」は、「貝＝お金」を作る「才能」のことで、お金そのもののことではない――。

これは、50年以上前から株式投資に関する本を数多く出してきた邱永漢《きゅうえいかん》先生が著書の中でよく書いていた言葉です。

お金を作る技術こそが財産であり、これを子供たちに教えてあげたいと思っています。

前述したように、この本は、私の息子たちに株の知識を教えた時のノウハウを綴ったものであります。

でも、これから株式投資をしようと思っているが、何から始めればいいのか分からないと思っている大人の方にも十分通用する内容であると思います。そしてサラリーマンとして働きながらでも売買が可能な簡単な手法しか取り上げておりません。

この本に書かれていることをしっかり理解すれば、株の売買を安心して行うことができるようになるでしょう。そして興味を持てば、更なる高みに進めばいいのです。

次の章からは、私が息子たちに教えた具体的な手法を詳しく紹介していきたいと思います。

目次

Contents

第3章 儲かる株の選び方

これは…
買いが多いよ
銀行はドル建て資産のウェイトも大きいから
利上げされるとその分資産も増えるという考えから上がっているのかな？

未成年の株取引について

親が同意すれば、未成年でも証券会社に取引口座を持つことができます。「証券会社 未成年」などのキーワードでネット検索すれば、口座開設できる証券会社が幾つかヒットするので参考にしてください。今回の取引は主に楽天証券で行いました。その理由は、以前より私が使っている証券会社で、パソコンやスマホで株価チェックや売買が簡単にできる「MARKET*SPEED*」「iSPEED」というソフトが非常に使い勝手が良いと感じているからです。

贈与について

子供に投資資金を渡す際は贈与税がかかります。ただし贈与額が子供1人につき年間110万円以下の場合は非課税となります。

本書は数多くある株式投資手法のうち、ほんの一部分の情報提供を目的としたもので、売買に関する意思決定はご自身の責任において行われますようお願い致します。投資におけるいかなる損失、結果について、当社及び著者は一切の責任を負いません。あらかじめご了承ください。

登場人物の紹介

矢久仁史

この本の著者。都内のメーカーに勤務するサラリーマンでありつつ、株式投資を30年続けている55歳。息子たちが成長したのを機に、自分の投資術を教えることにした。

矢久大河

長男、大学４年生。22歳。５歳より柔道をやっているので体格は大きいが、性格はのんびり屋。小さい頃から海外旅行によく出かけていたからか、外国人に対して抵抗がない。

矢久飛鳥

次男、高校３年生。18歳。ロボットが好きで大学は工学部進学を希望している。小さなころから父が株をやっていることは何となく知っていたが、今まで一度もやったことがない。

矢久陽子

仁史の妻。主婦。夫の株式投資に理解をしているが、自分は株には全く興味を持っていない。息子たちの株の知識の吸収の早さにビックリしている。

第1章

チャートって何だ？

株式投資をする際、私が最も重要な情報の一つだと考えているのが「チャート」です。投資に慣れてくると、「チャート」は本当に豊かな情報を語ってくれることが分かります。

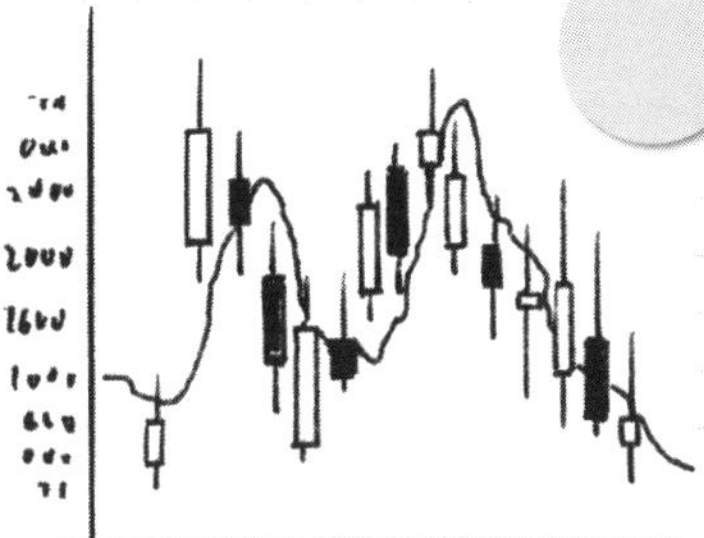

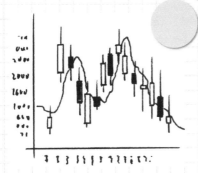

飛鳥、株に興味を持つ

日曜午後の矢久家リビング
うーん これいっとくか いかざるべきか…
矢久家 父 矢久仁史(55)
矢久家 次男 矢久飛鳥(18)
パリ
株チャート?
窓?
ゴールデングロス?
etc
Ska!
ライバルに差を
パラ パラ
パラ パラ
おとうさ〜ん ちょっといい?
何だい?

そもそも株って何なの？
あっ！と言う間10億儲ける！
Ska!
ライバルと差をつけて稼ぐ！
そうだなあ～
例えば…
飛鳥の好きなアイドルがカフェをオープンするために
ファンのみなさーん
開店資金をお願いします！
何か特典とかあるの？
応援してくれた人には
「限定ライブ」特典券差し上げま～す
特典券
おおっ!!
これが株券か!?
そりゃそそるねっ！
夢が広がるなあ…
だろ～！

ライブに行きたいと思ったファンが増えるほど開店資金も増える
手に入れたい！
欲しい
出すよ
行きたい
行くぞ
アイドルの人気

逆に、魅力を感じる人が少ないとちっともお金が集まらない
ライブ券は無価値に…
誰が行くの？
いらねない
アイドルの人気
ズーン
あちゃ～

てか、アイドルっていい特典付ければ
いいなあ
簡単にお金集められそうだね
たしかにそう思うよね
でも、そうなると悪いアイドルが…
お金を出してくれたファンとデートしま〜す♡
な〜んて嘘！お金集めてバックレだもんね
ファンをだまして逃げるとか
それは困るよ!!
そこで一定の審査を設けて
ウソをつかないアイドルだけが資金集め
＝《イコール》
株を発行できる仕組みが「上場」なんだ
2番合格!!
ドン
なるほど

でもせっかくお金出して応援するんだからちゃんと売れる方がいいけど
A
B
C
人気up!
そんなに都合よく分からないかぁ
分かるさ
えっ！
分かるの？
どうやって⁉
チャートを使うんだよ
パソコンやスマホでね
チャート？
キラーン
そうチャート

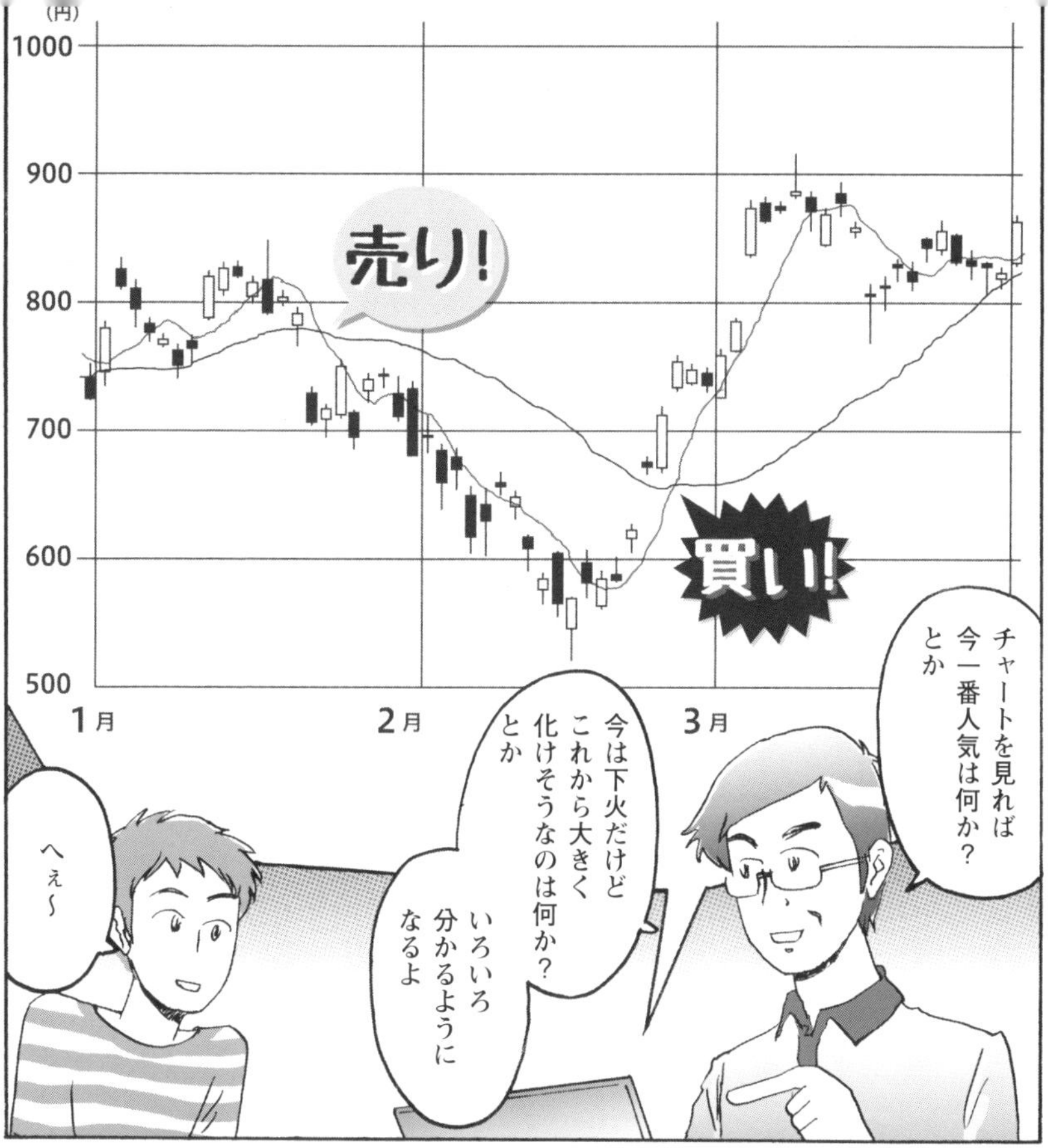
(円)
1000
900
800
700
600
500
1月
2月
3月
売り!
買い!
チャートを見れば今一番人気は何か？とか
今は下火だけどこれから大きく化けそうなのは何か？とか
いろいろ分かるようになるよ
へぇ〜

そのチャートってヤツを教えてよ！
なんか簡単に金持ちになっちゃったりして〜
ダッ
OK!!

これがチャートだ！

まずこれだけ覚えれば株の価格の動きは把握できます。何事も「習うより、慣れろ」です。慣れていくと、見ることが面白くなってくるはずです

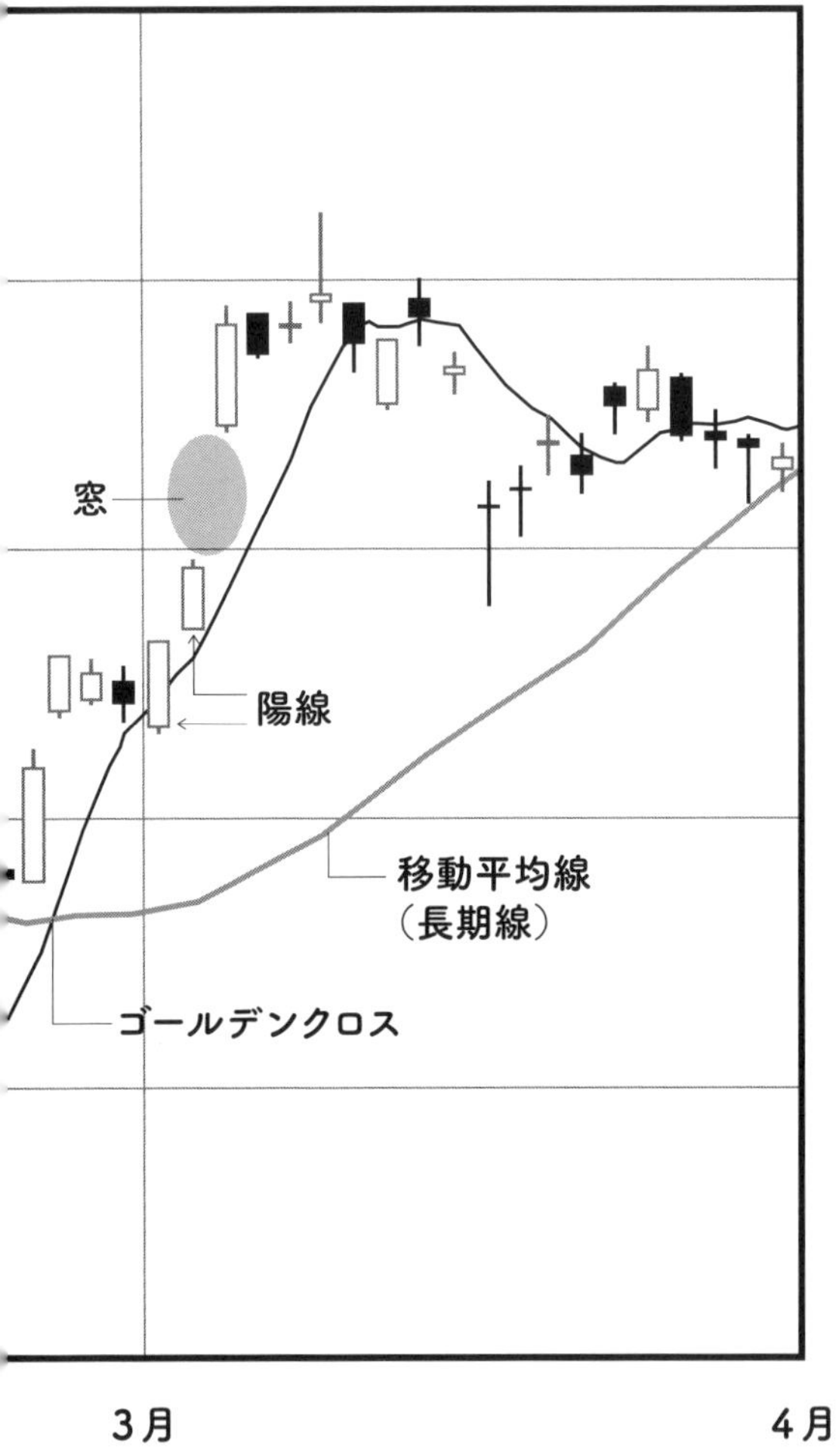

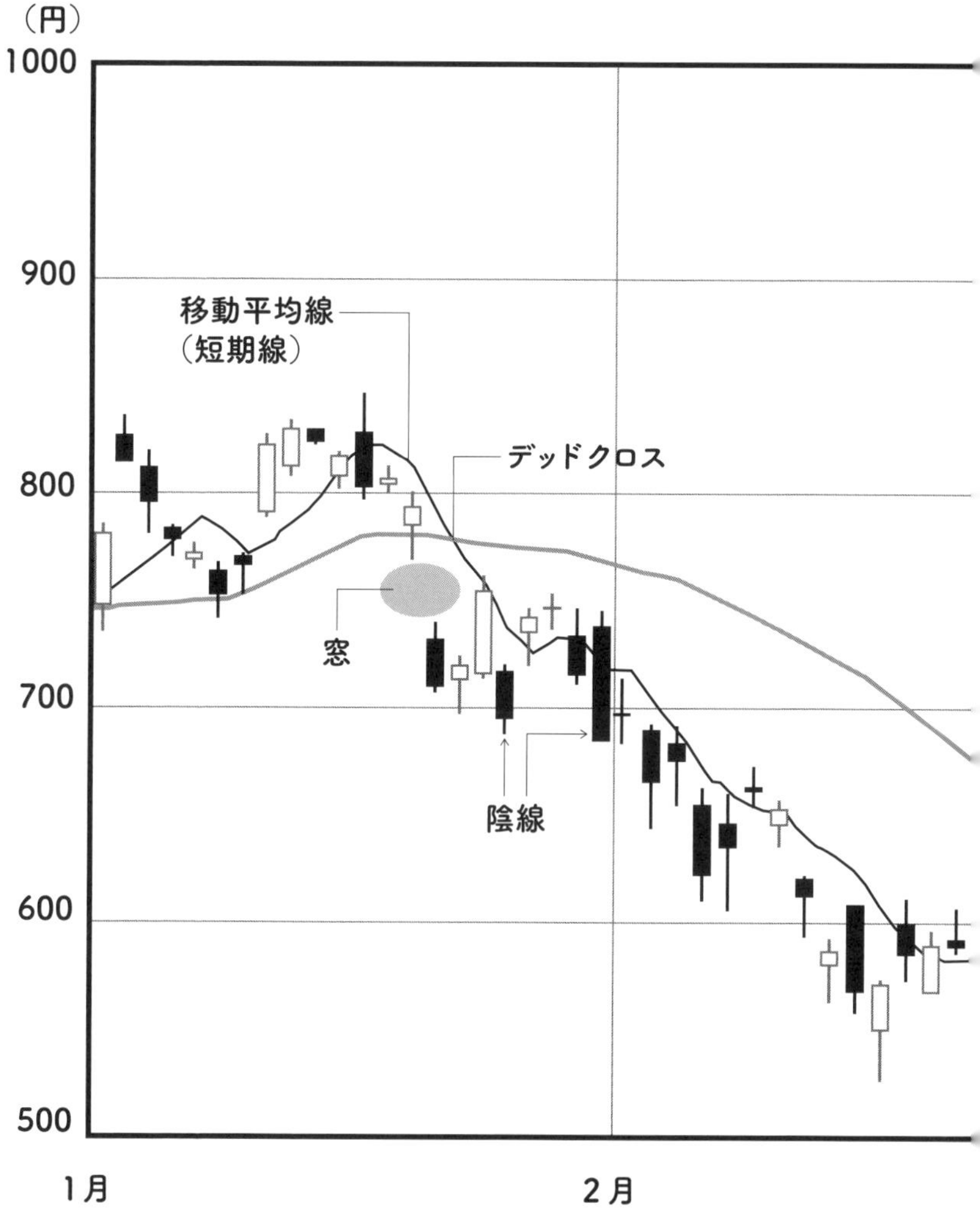
（円）
1000
900
移動平均線
（短期線）
デッドクロス
800
窓
700
陰線
600
500
1月
2月

ローソク足とは…

1日、1週間、1カ月などの一定期間内に株価がどのように動いたかを表す記号のことです

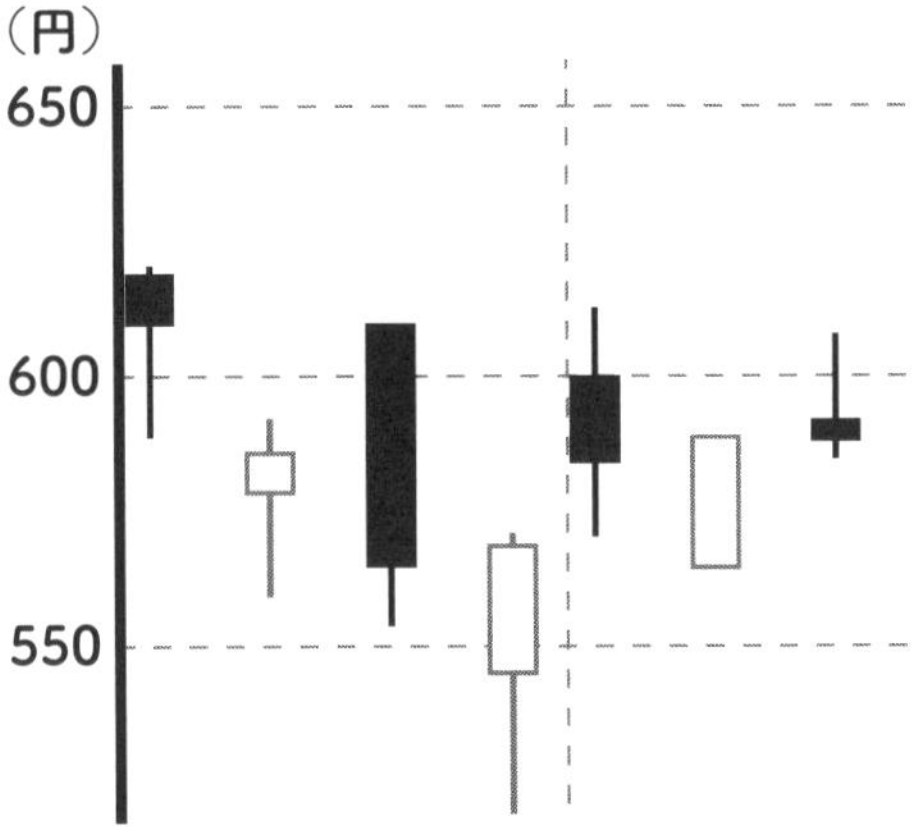

上下に線（ヒゲ）が伸びた黒い棒や白い棒がローソク足

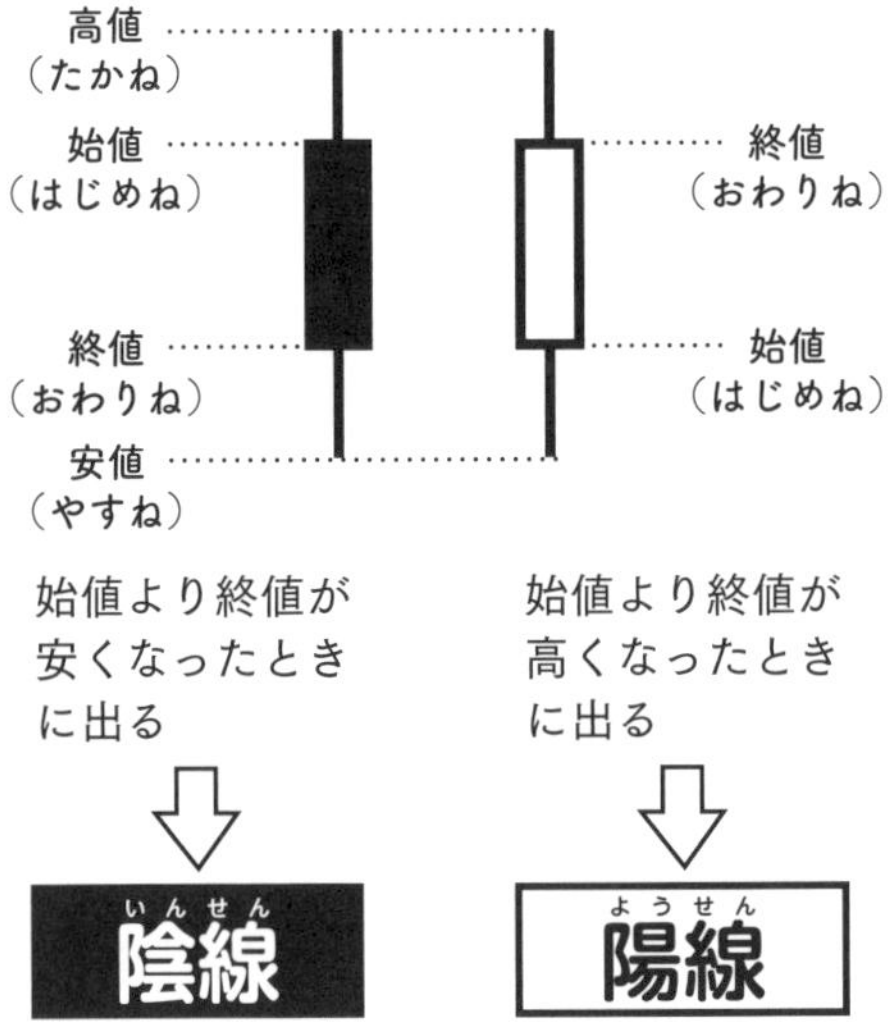

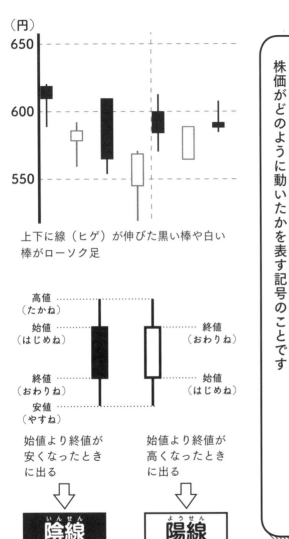

ローソク足　基本用語

始値《はじめね》…その日最初に付いた値段

高値《たかね》…その日一番高くなった値段

安値《やすね》…その日一番安くなった値段

終値《おわりね》…その日最後に付いた値段

分足《ふんあし》…１分間の値動きを示したもの

日足《ひあし》…１日の値動きを示したもの

週足《しゅうあし》…１週間の値動きを示したもの

月足《つきあし》…１カ月の値動きを示したもの

ローソク足の種類

ローソク足と一言で言っても、いろいろな形状があります。
ここではその中から代表的なものを紹介します

陽線《ようせん》　上がる力が強い時に出るローソク足

始値がついた時から市場が終わるまでの間、
買いたいと思う人が多かった時に出る

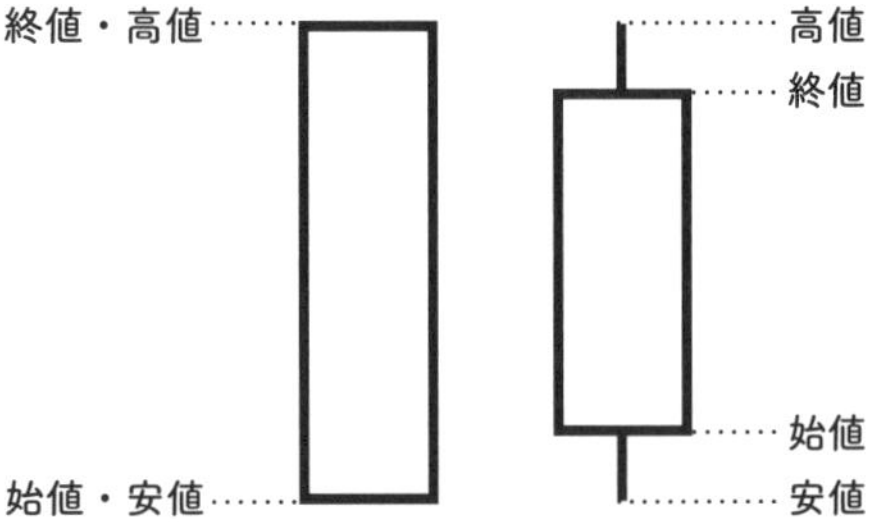

陰線《いんせん》　下げの力が強い時に出るローソク足

始値がついた時から市場が終わるまでの間、
売りたいと思う人が多かった時に出る

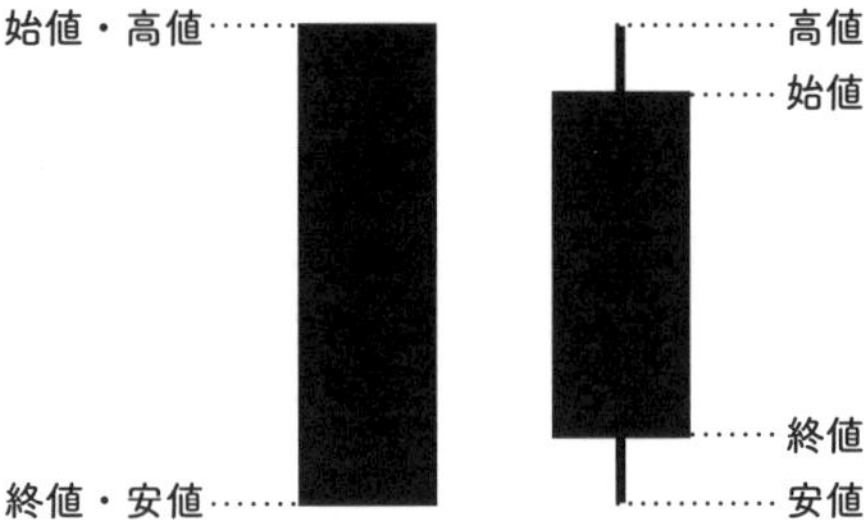

十字線　始値と終値が同じ時のローソク足

売る人と買う人の勢いが拮抗している時に出る

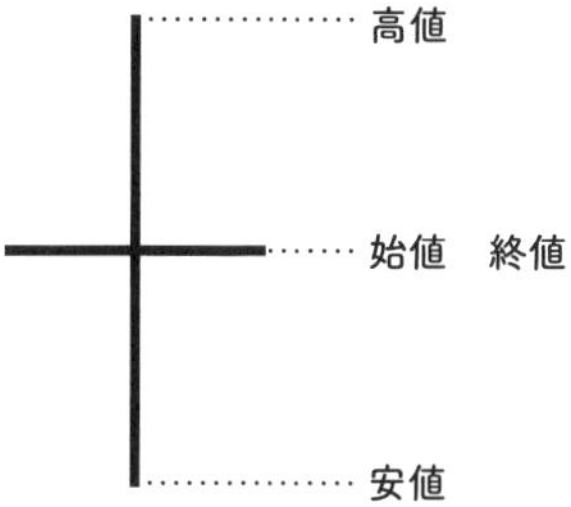

トンボ

下がり気味だったが、結局は元の値段に戻った時に出る

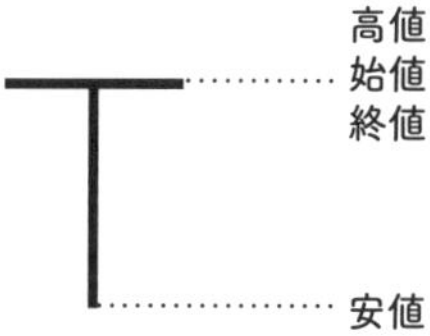

コマ　値段があまり動かなかった時のローソク足

上がるか下がるか、多くの人が様子見をしている時に出る

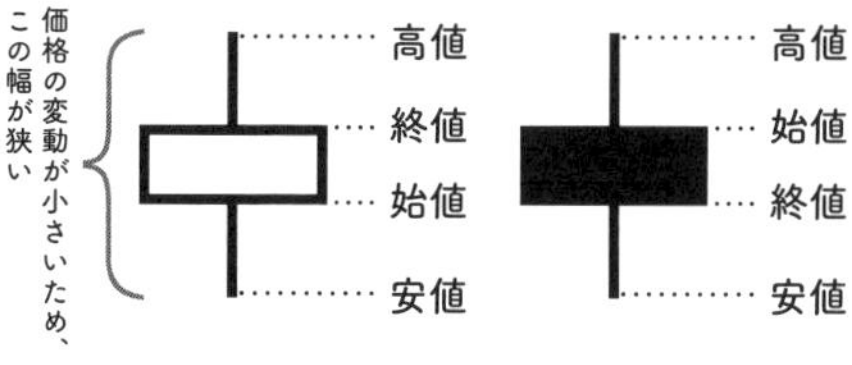

トウバ

上がり気味だったが、結局は元の値段に戻った時に出る

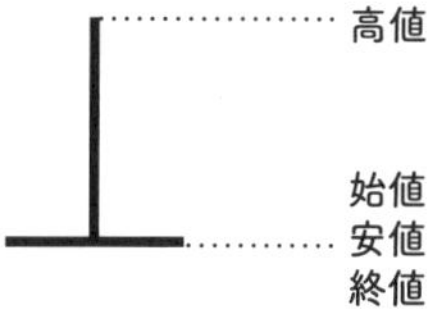

ローソク足の読み方

ローソク足は1本だけ見るのではなく、以前のローソク足と比べてどのように変化しているかを見ていくと、様々なことが分かってきます

陽線が連続

陽線が連続している時は、人気が増してどんどん株価が上がっていることを表す

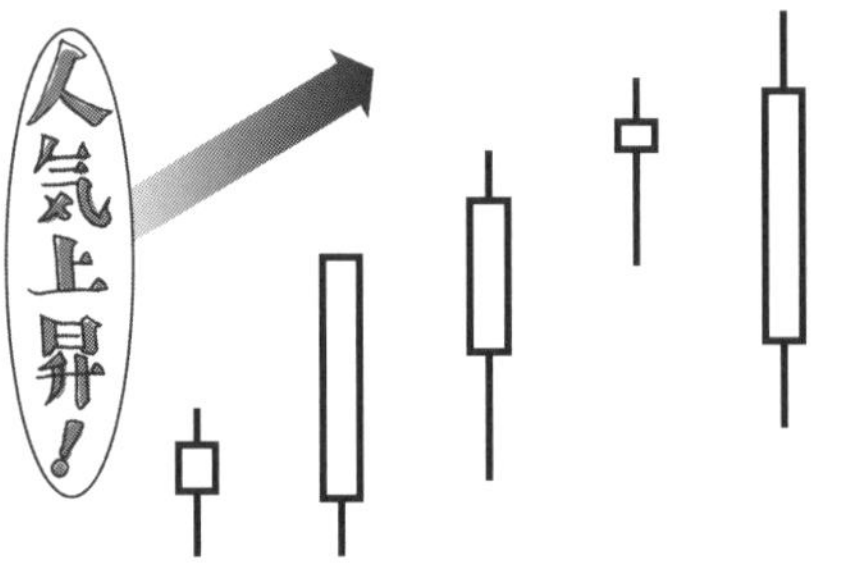

陰線が連続

陰線が続いている時は、落ち目になり、株価が下がる力が強いということを表す

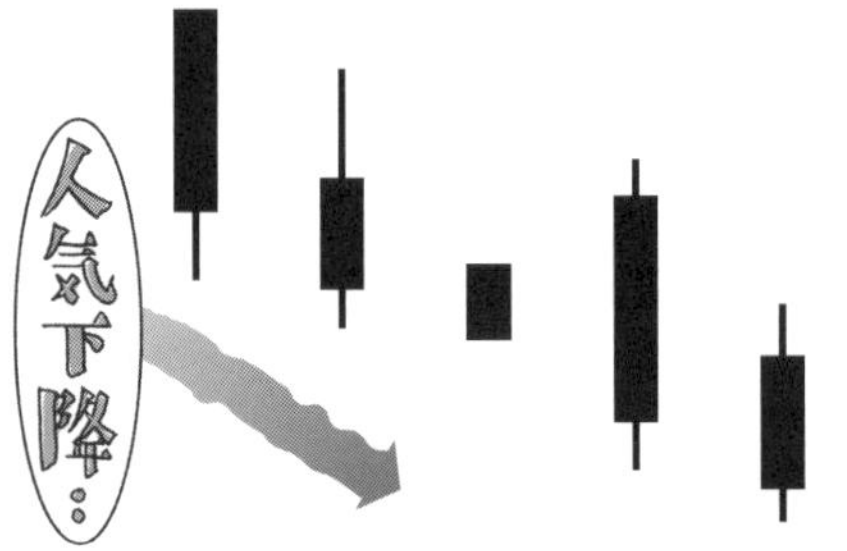

ローソク足の長さの違いは、何を表すの？

同じローソク足でも、長い時はその期間内に大きく株価が動いたということを表す

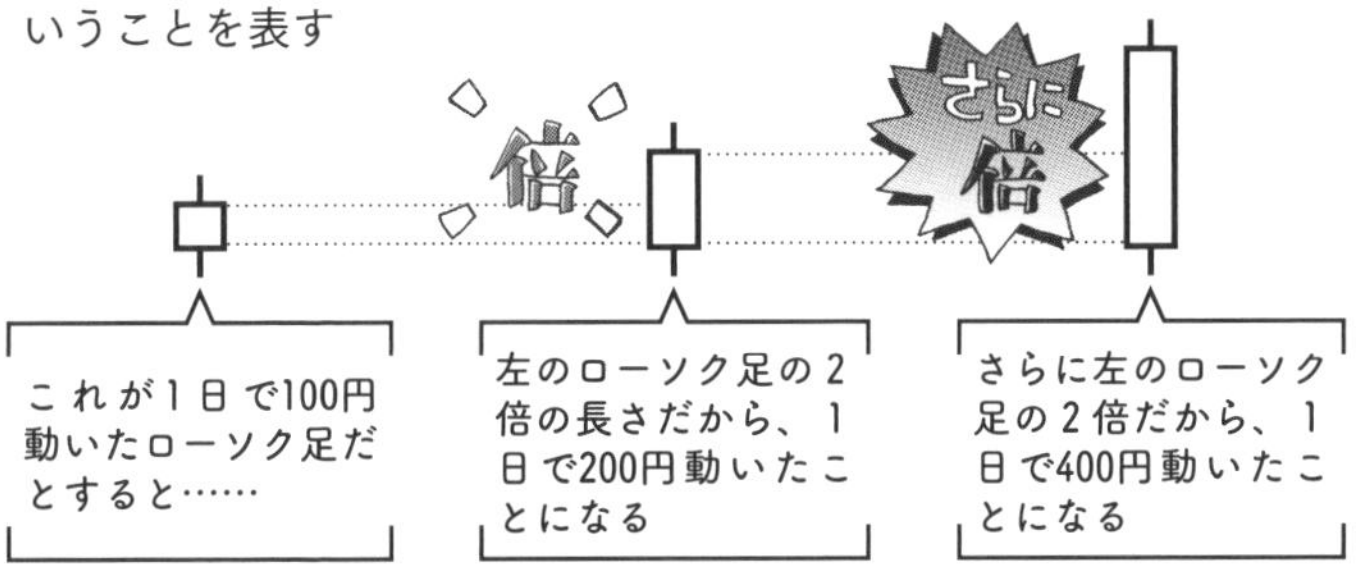
倍
さらに倍
これが1日で100円動いたローソク足だとすると……
左のローソク足の2倍の長さだから、1日で200円動いたことになる
さらに左のローソク足の2倍だから、1日で400円動いたことになる

チャートの動き＝株を持っている人の心理

チャートには株を持っている人たちの「もっと上がるかな？」「いや、これ以上は無理かな？」「怖いから売ってしまおうかな…」といった揺れ動く心理が如実にあらわれる

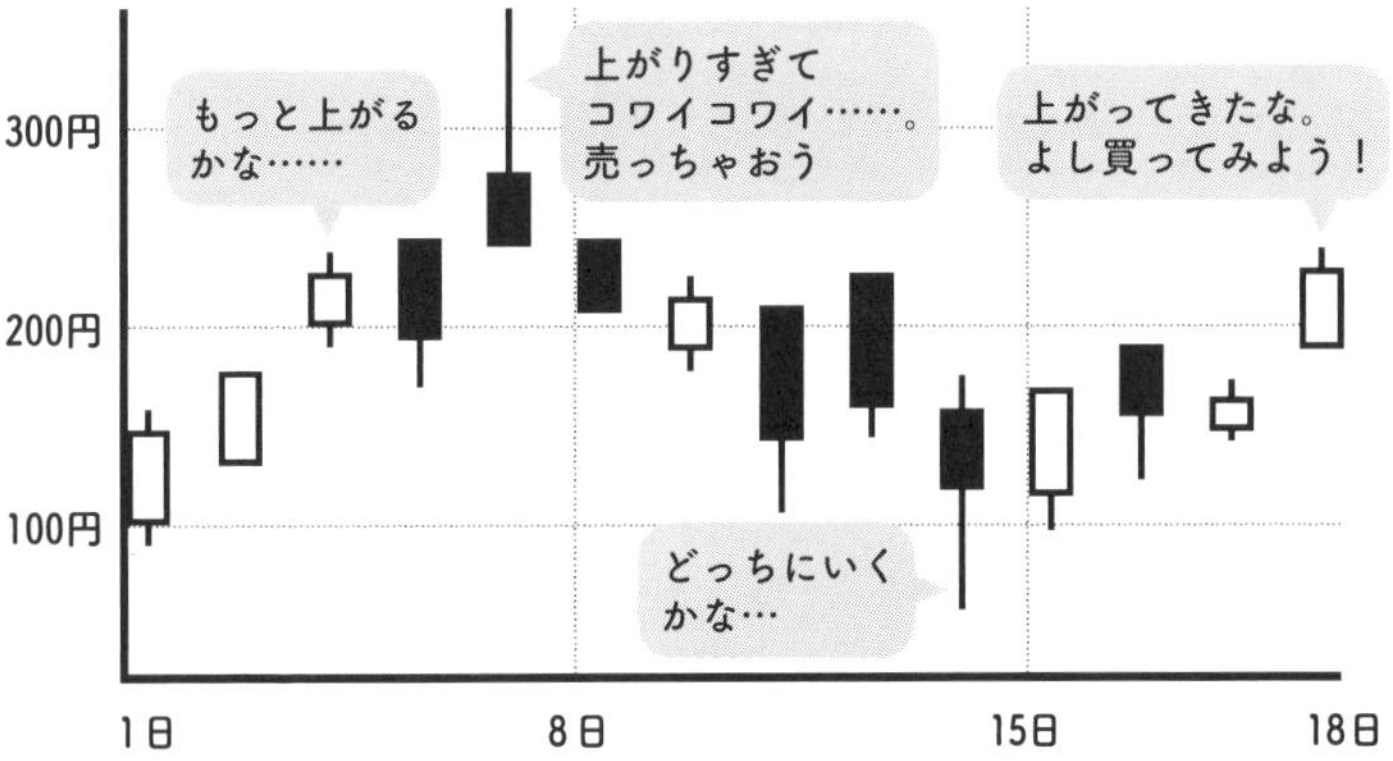
300円
200円
100円
もっと上がるかな……
上がりすぎてコワイコワイ……。売っちゃおう
上がってきたな。よし買ってみよう！
どっちにいくかな…
1日
8日
15日
18日

上ヒゲ・下ヒゲって？

これが陽線で
これが陰線かぁ
ところで、このビョーンと長い線はなーに？
これは「上ヒゲ」と言って、例えば…
これからびんびん人気出るぜ〜
と浮かれるアホが出現したけど
いやいや、そんなに人気出ないよ…
って多くの人が冷静に判断している時に出るマークだよ。
これが出ると株価が下がり基調になると言われているんだ

「下ヒゲ」というのは
イヤな予感!! コワイから売らなきゃ!!
早く売らなきゃ
そんなに怖がらなくてもいいんじゃない？
下ひげ
安くなったから買うよ
大多数の人が冷静に判断している時に出るマーク
へぇ〜
これが出ると株価が上がり基調になると言われているよ
上ヒゲも下ヒゲも人間の心理状態によって出るものなんだ
例えば…
学校の昼休みに
あいつ夜遊びしてるから留年するぜ
最低だなぁ〜
って一気に飛鳥の評判が落ちるとする
でも午後の授業が始まる前に、先生が
矢久君、おじいさんの介護の手伝い夜も大変だね
オオッ!
いやぁ…
一気に信頼が回復する
こんな時に長いヒゲが出るんだ。噂を信じた一部のアホの勢いがあればあるほどヒゲは長くなる
なるほどね
長い下ヒゲが出た時は買い時 長い上ヒゲが出た時は売り時だと言われているんだ

人の心理をよくあらわすチャート

ヒゲ以外にも、「今は買い時だ」「売り時だ」と思う人が多い時に現れる代表的なチャート例を紹介します

包み線

前の日のローソク足の値幅全てを覆うほどの長いローソク足のこと。前日までの値動きを完全にカバーしているので、値動きが反転するサインと言われている。

何日かずっと下がっているときに前日の陰線をスッポリ覆う陽線＝包み線が出た場合は、買いのサイン。

ずっと上がっていたけれど前日の陽線を覆う陰線＝包み線が出た場合は、売りのサイン。

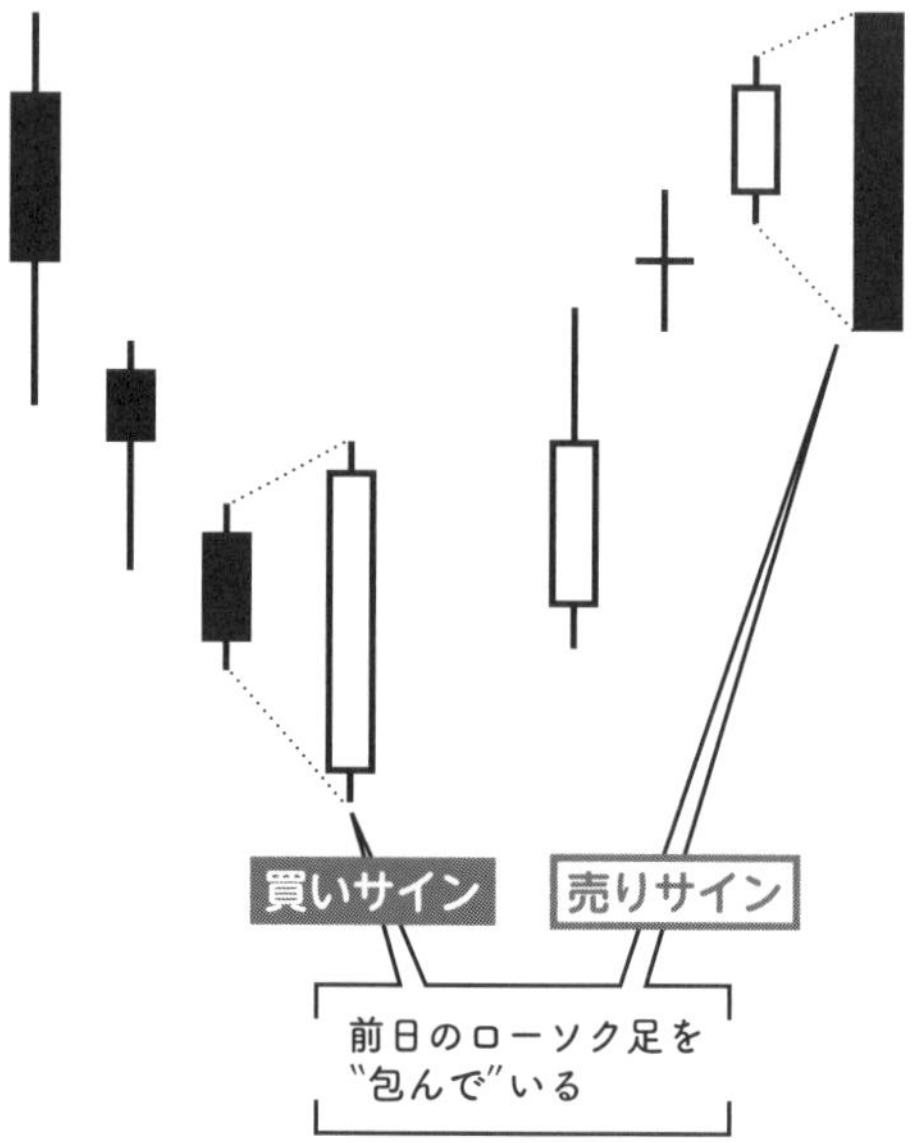

窓

値動きの勢いが強いために、前日の値幅よりも大きく離れた株価になること。前日よりも上の位置で窓が発生すると、上昇の勢いが強いということで買いのサイン。逆に、前日よりも下の位置で窓が発生すると、下落の勢いが強いということで売りのサイン。

ただし「窓は埋められる」とよく言われており、何日かすると空いた窓あたりまで株価が戻ってくることがある。

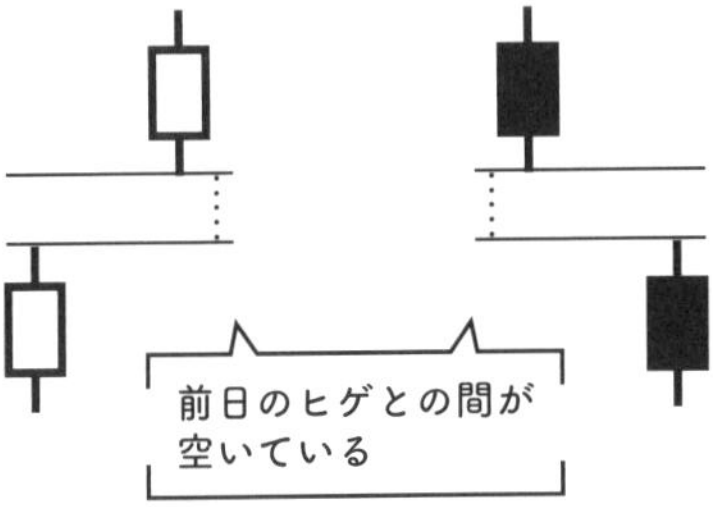

下落傾向にある時、いきなり反転上昇の窓が出現する時は…

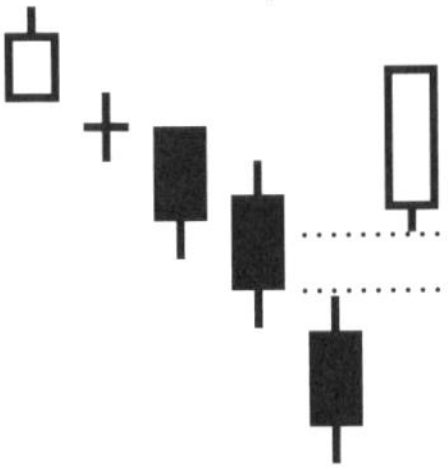

私は絶好の買いのサインと捉えている。下がっていたけれど、急に多くの人が買いたいと思うほどの強い材料があると判断している。

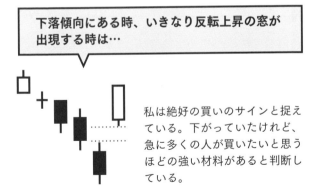

半値戻し

下落している株が一旦下げ止まった時に、下落したうちの半分くらいまでは値を戻すことが多いと言われている。

その後、再び上昇するかどうかはその時の相場の流れにより分からないが、持っている株が急に下がってしまい損を抱えてしまった時は、半分くらい戻ってきたところで一旦売って手じまったり、下がったところで買った場合は、半値くらいまで上がったところで一旦利益確定した方がいいと思う人が多い。したがってこのような値動きとなることがあると言われている。

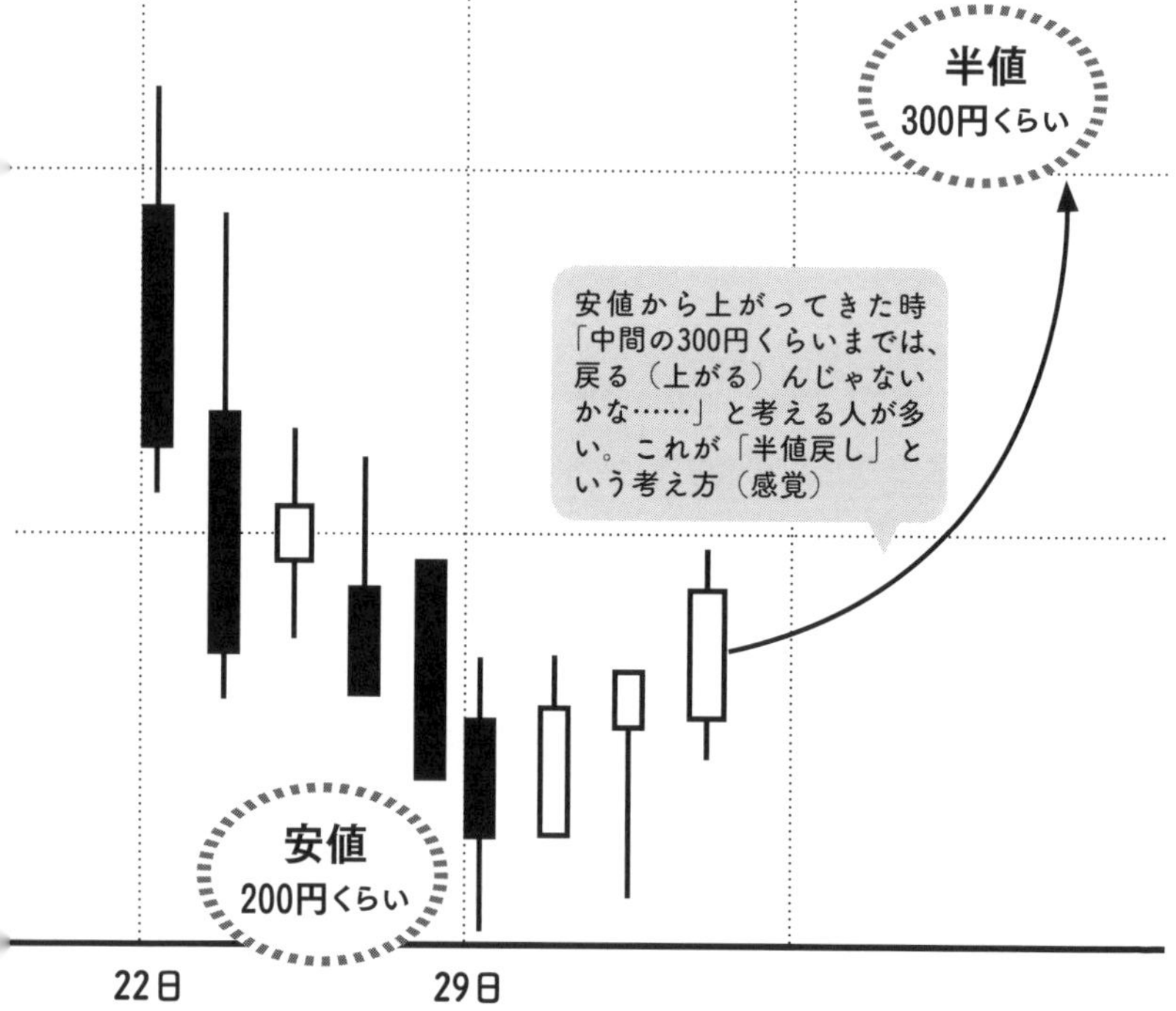

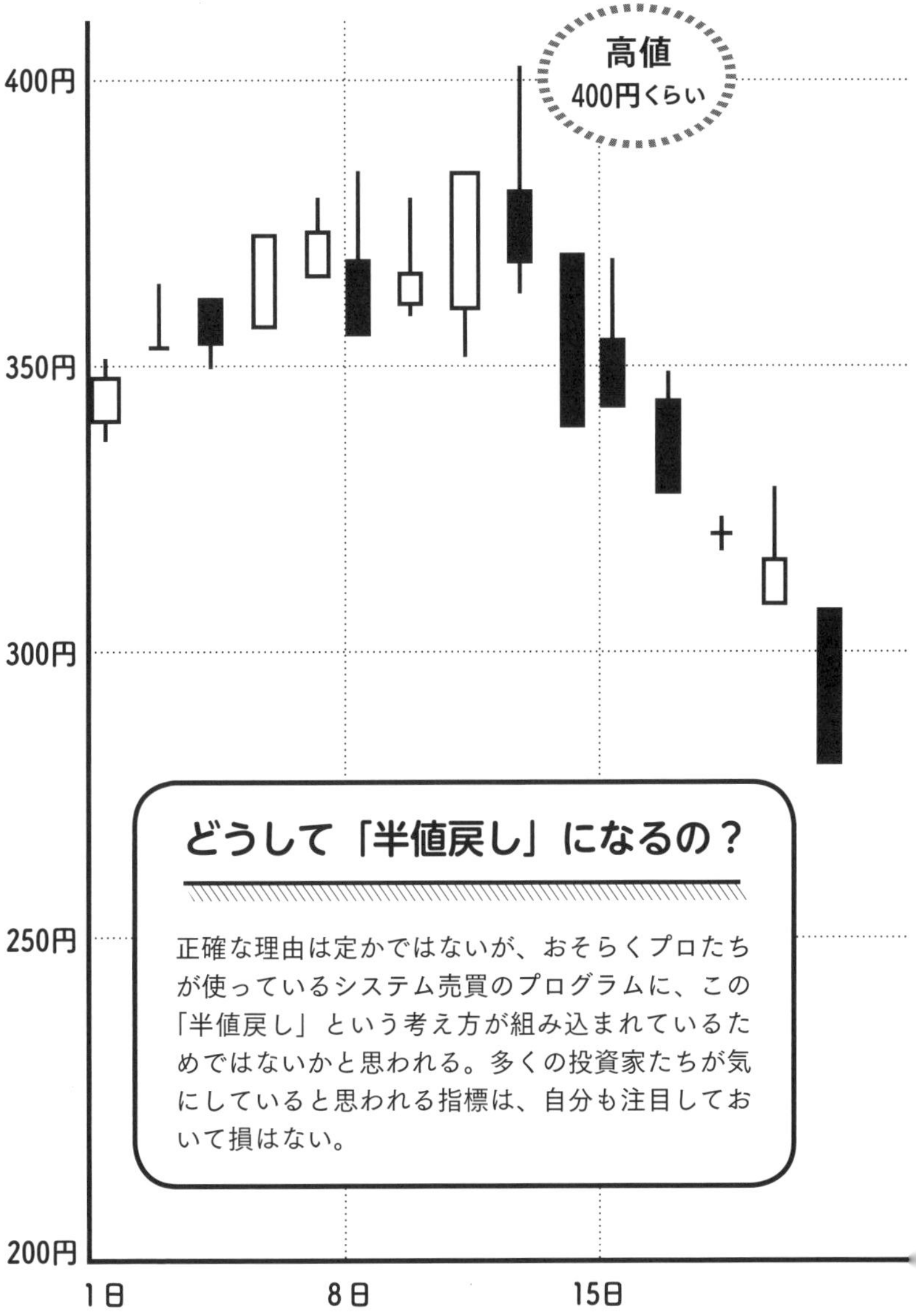

どうして「半値戻し」になるの？

正確な理由は定かではないが、おそらくプロたちが使っているシステム売買のプログラムに、この「半値戻し」という考え方が組み込まれているためではないかと思われる。多くの投資家たちが気にしていると思われる指標は、自分も注目しておいて損はない。

その他、覚えておくべきチャート

ここで紹介するものはどれも知っておくべきものです。こうしたチャートと株価の関係を知れば銘柄探しが面白くなります

移動平均線

一定期間の終値の平均値をグラフ化したもの。よく見られているのが、日足チャートでは５日、25日の移動平均線。週足チャートでは13週、26週の移動平均線。それぞれ２つの線をチャート上に表示して使用する。

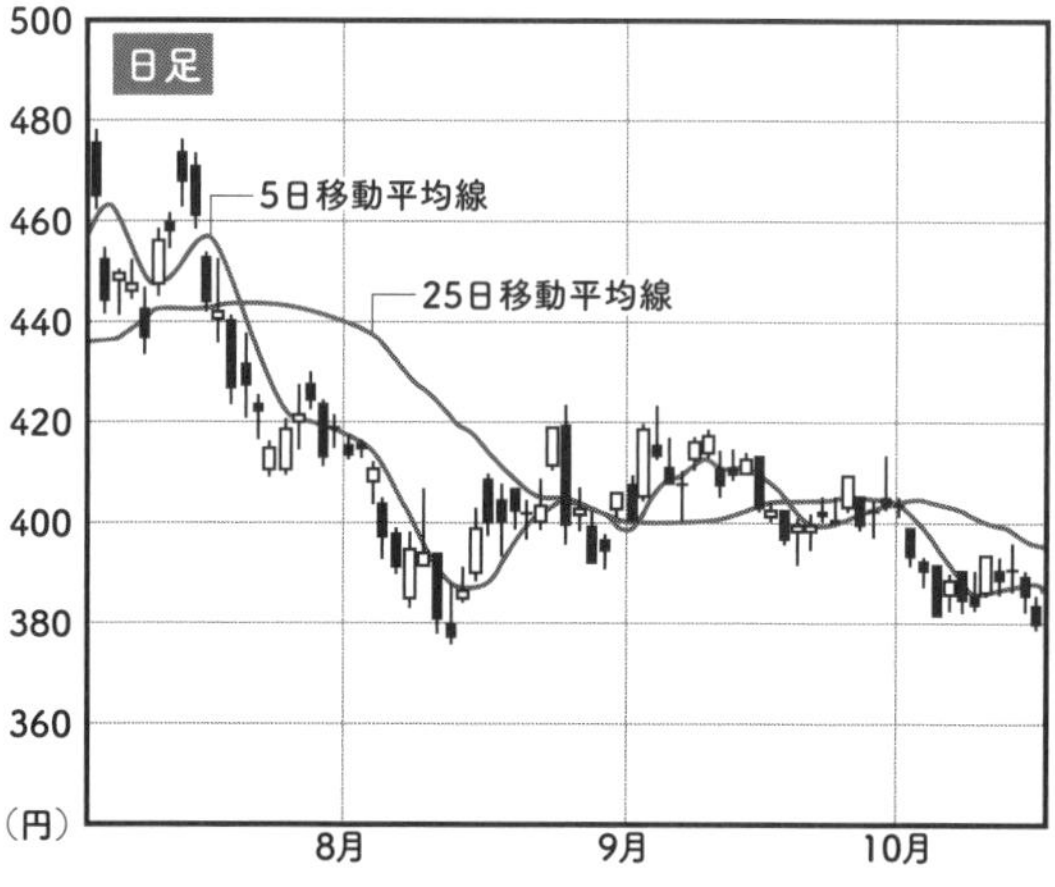

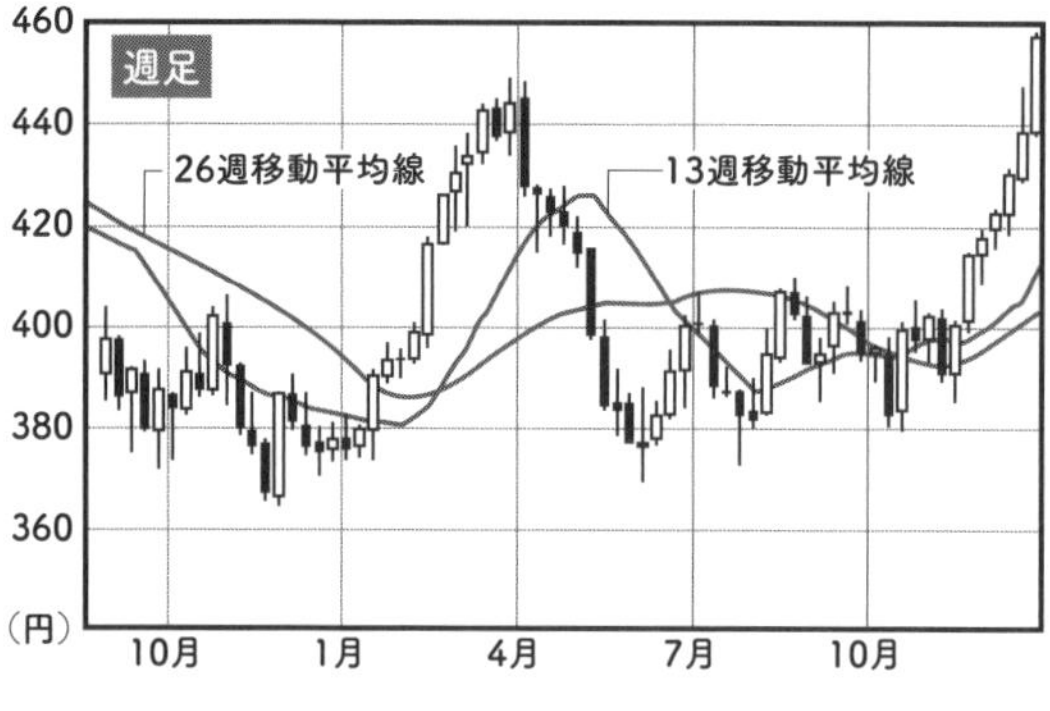

ゴールデンクロス

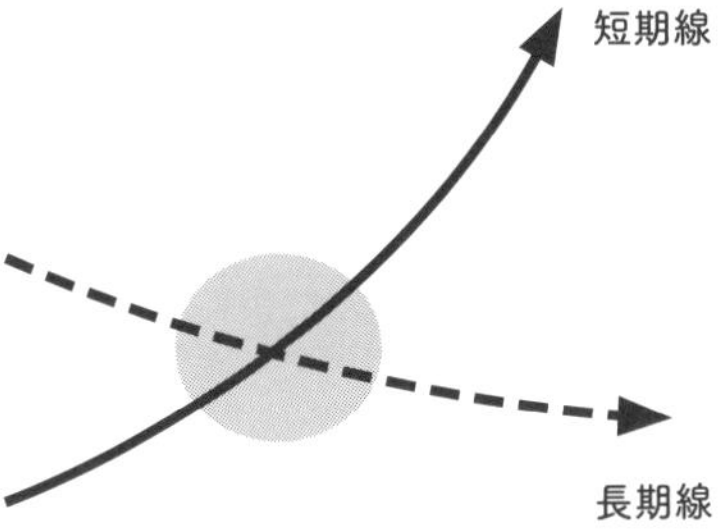

期間の短い移動平均線が期間の長い移動平均線を下から上に追い越すこと。短期的に株価が上昇している現れであり、買いのサイン。

デッドクロス

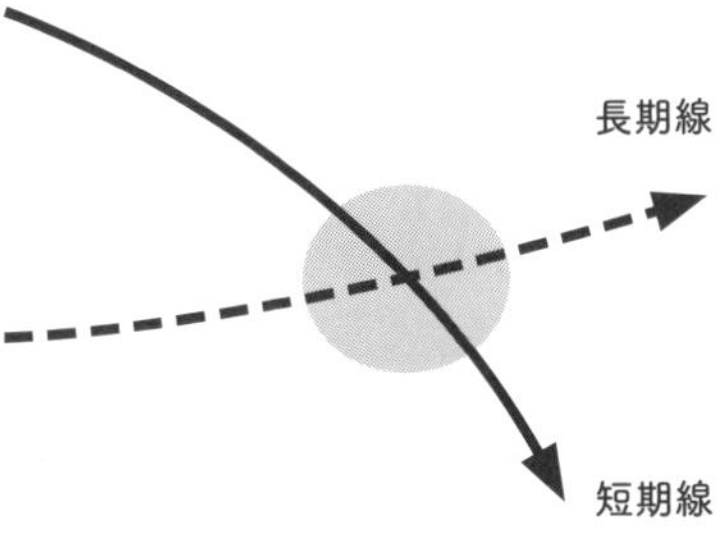

期間の短い移動平均線が期間の長い移動平均線を上から下に追い越すこと。短期的に株価が下落している現れであり、売りのサイン。

この2つのクロスを売買に使うときは、「クロスする前に追い越すのでは?」と思い、フライング気味で売買するのは避けた方がいい。しっかりとクロスしたのを見届けた後に売買するのが鉄則。

ボリンジャーバンド

移動平均線の上下に線を加えたグラフのことで、今の株価が統計上、何パーセント程度の範囲に位置しているのかを表す指標。

「そもそも株価は移動平均線よりも極端に離れる確率は低い」という考えを元にして作られた指標であり、株価が±1σ（シグマ）の範囲に収まる確率は68％、±2σの範囲に収まる確率は95％、±3σの範囲に収まる確率は99％と言われている。

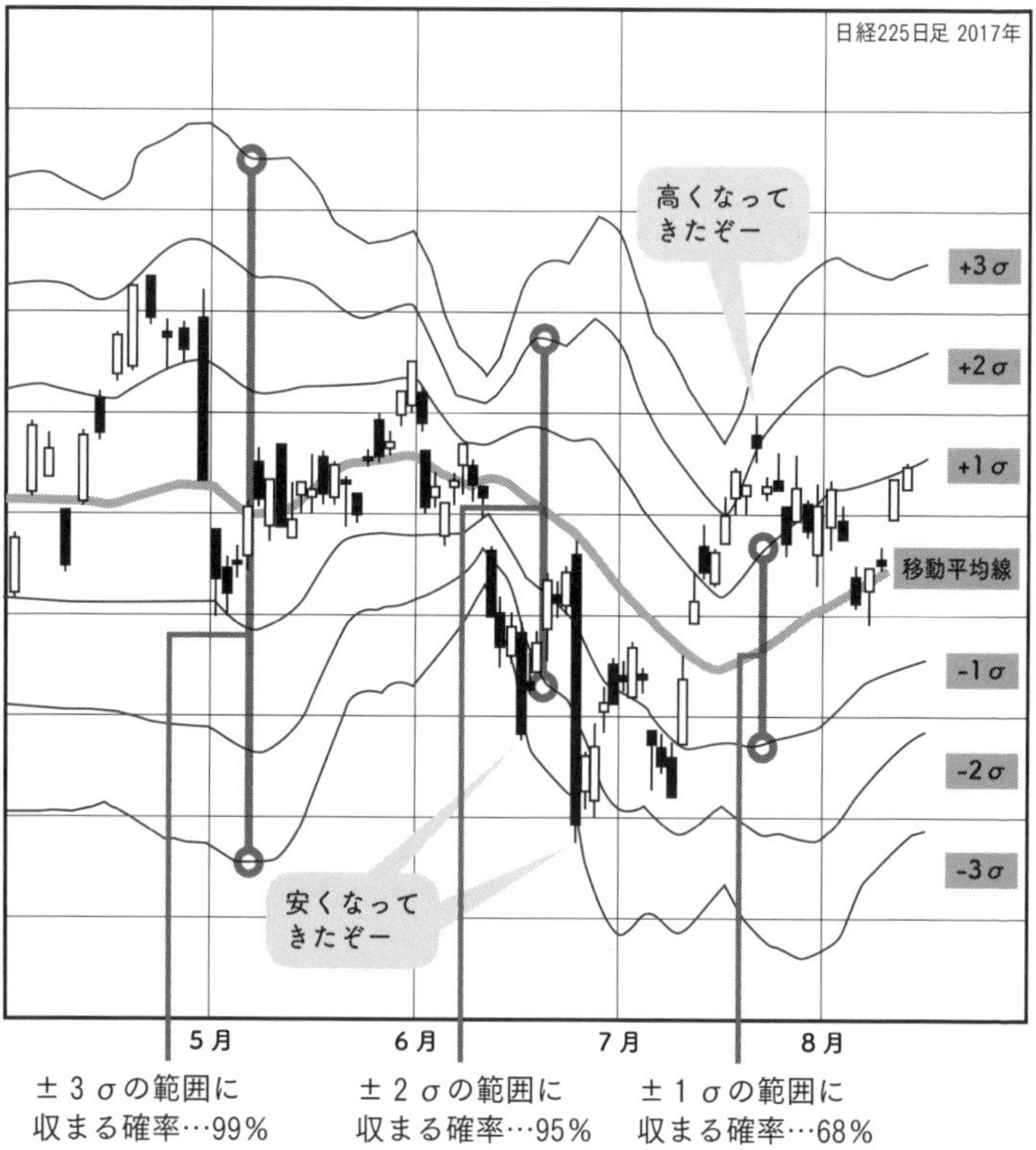

ボリンジャーバンドは
「売られ過ぎ」「買われ過ぎ」の判断で活用

株価が−2σに達した時はこれ以上下がる確率は5％しかないということになる。つまり「売られ過ぎ」と判断し、上昇を見込んで買いを考える。反対に株価が＋2σに達した時は、「買われ過ぎ」と判断し、近く下落することを見込んで売りを考える、というように使う。

そして−2σ付近で買った後、「半値戻しの−1σあたりまでは戻るのではないか」というように、手仕舞う価格の目安としても利用できる。

ボリンジャーバンドの
ダマシには要注意

ただし、−2σに到達した後に、そのままダラダラと下落を続けてしまう局面も見受けられる。つまり「ダマシ」にあうことも多い。

私の場合、ただ−2σに達した時に買うのではなく、−2σでかつローソク足が下ヒゲになった時や、ボリンジャーバンドのレンジがいつもよりも狭まっている時（株価の勢いがギュッと押さえ付けられてて今にも弾けそうな時）といったような、複数の条件が重なった時に買いの判断をすることが多い。

ボリンジャーバンドのレンジが普段よりも狭くなった時というのは、上がるか下がるかは分からないが、どちらかに値が動くサインとして捉えている。

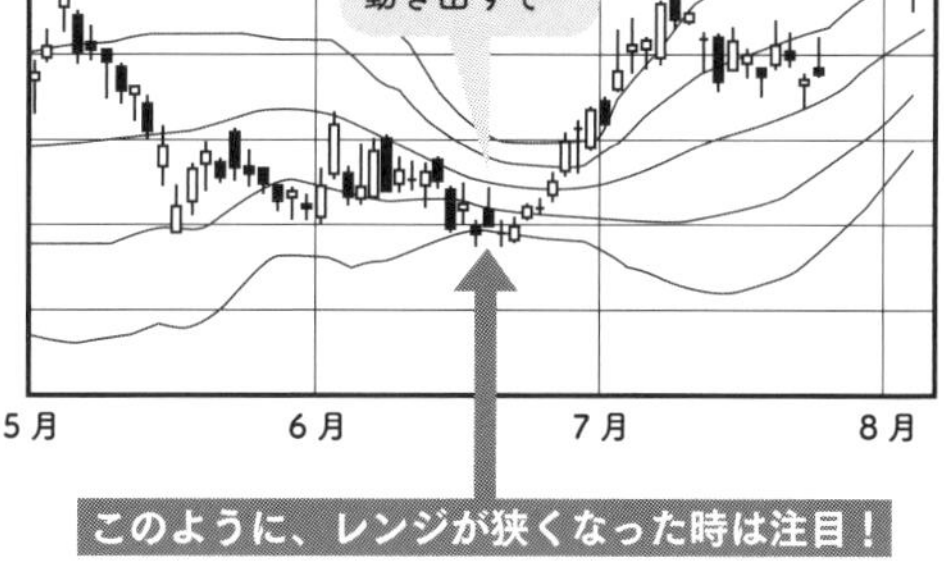
大きく株価が
動き出すぞー

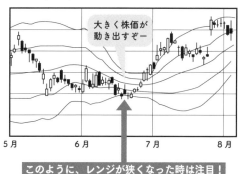

日足と週足、どっちを見ればいい？

一つの銘柄でもチャートは複数あります。
一体どれを見ればいいのでしょうか？

「株を選ぶ時、日足、週足、月足など、どの期間のチャートを参考にすればいいのか分からない……」という話を聞きます。また「日足チャートの形状は上昇しているけれど、週足や月足チャートは停滞しているようなとき、買っていいのかすごく迷う」、という声も聞きます。

私が行っている売買は、保有期間が数日～2カ月といった短期的なものがほとんどなので、月足ほどの長いスパンのチャートは参考にしません。ほぼ日足チャートのみを見て売買しています。ただし東証一部に上場している大型株のような、比較的値動きがゆっくりしている銘柄の場合は、週足のボリンジャーバンドやローソク足が買われ過ぎ形状になっていないかとか、極端な下落傾向になっていないかの確認はしています。

日足では、上昇トレンド

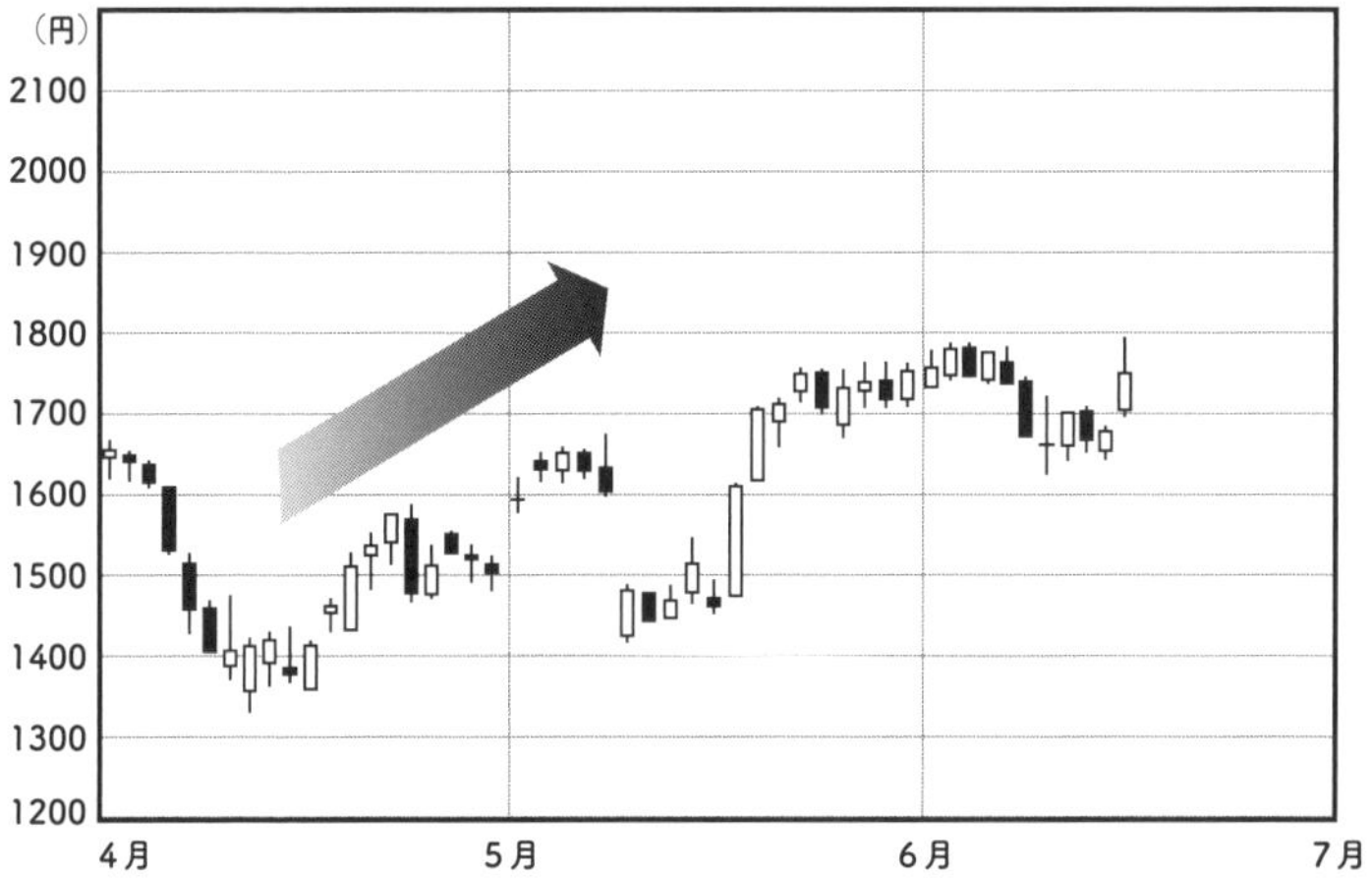

週足では、下降トレンド

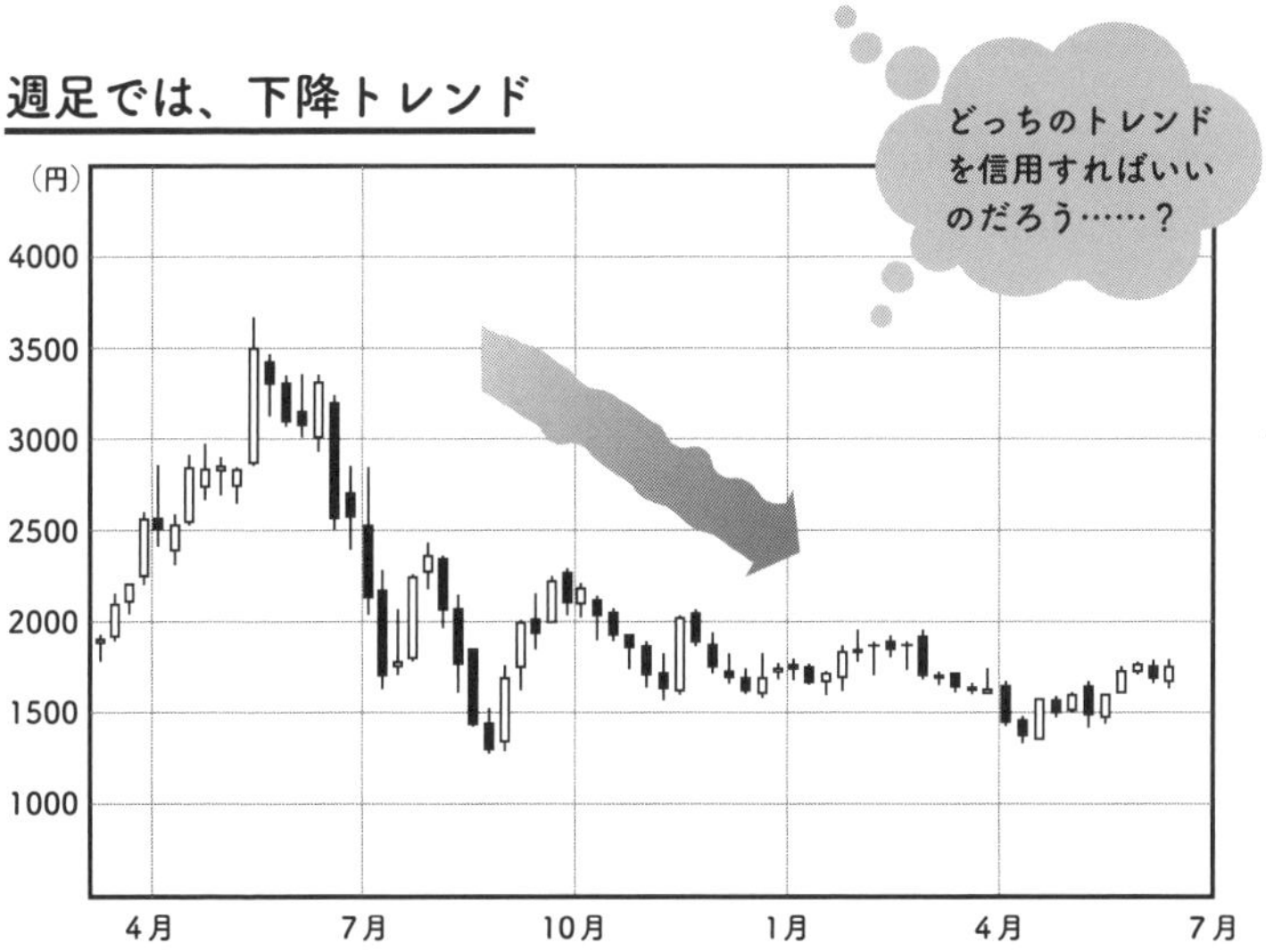

株の保有期間に合わせて見るチャートを決める！

チャートは知り過ぎない方がいい

投資の本を見ると、実に様々な種類のチャート解説が載っています。でも、全てを把握する必要はありません

私自身、株式投資は何十年もやっていますが、逆三尊、ペナント、フィボナッチ…など、全く分からないチャートも沢山あります。チャートの種類をたくさん知ったからといって儲かるわけではありませんし、かえって混乱してしまいます。自分との相性に合ったチャートだけを使えばいいのです。

移動平均線にも5日線、7日線、9日線、75日線など、いろいろな種類があり、「何日線を見ているのですか?」と聞かれることがありますが、私はiSPEED（楽天証券のスマホトレードアプリ）のデフォルトの値でしか見ていません。

日足チャートの表示期間も半年や1年などと、長い期間を表示させる設定もありますが、私はそれもデフォルト値（約3カ月）でしか見ていません。

1年前のチャートを見ても何も参考にはならないと思っているからです。

少し前に言われていた「チャイナショック」なんて、もう誰も言っていませんし、「ブリックス」なんて、死語以外何物でもありません。

たしかにチャートは、今まで株価がどんな値動きをしていたかを一瞬で把握でき、株の売買に役立つものではありますが、だからといって極端に長い期間のチャートを見ても、これからの値動きがわかるものではありません。情報が多いとかえって判断の妨げになるのです。したがって私は、デフォルトの設定の期間のチャートしか見ていません。それで不都合はないのです。

投資本などで紹介される主なチャート／指標

- PER
- PBR
- MACD
- RSI
- 信用倍率
- 一目均衡表
- フィボナッチ
- RCI
- モメンタム

etc……
まだまだたくさんあります

でも

こんなにたくさん知っても
使いこなせません!
すべてをチェックする時間は
ありません!!

その他、私が見ている指標

参考にする指標はシンプルな方がいいです。短期売買に向いている指標はコレだ！

雑誌やサイトで載っているテクニカルチャートや指標は沢山あります。それら全てを駆使して投資をするのは、サラリーマン投資家にとっては難しいと思います。

前述のとおり、私はローソク足、移動平均線、そしてボリンジャーバンドの3つしか見ていません。ＰＥＲ（株価収益率）やＰＢＲ（株価純資産倍率）は、一切参考にしていません。なぜならばそれらの数値が高くても低くても、私が主に売買している期間、数日～2カ月といった短期売買で動きにはほとんど影響がないと思えるからです。

株は「いま人気がある銘柄を把握して、その流行にいかに乗るか」、それだけだと思っています。

また、外国人投資家の売り越し買い越し動向も、「売り越しが多い＝下がる」「買い越しが多い＝上がる」というような単純なものではないです。したがって判断を惑わすだけなので見ていません。

新聞も政治面や経済面は見ますが、株式欄は流す程度にしか見ません。新聞の記事になっているということはもう遅いということで、人気が出尽くしてしまっている状態と思われます。そんな時から買っても、大きく儲かることはありません。

その一方で参考にしている指標もあります。

それは、ＣＭＥの日経平均先物のチャートです。ＣＭＥとは、アメリカ・シカゴの取引所のことで、ここで日経平均先物の売買がされています。この終値に日本の日経平均先物の始値の価格が引っ張られることが多いので、毎朝会社に行くまでの通勤電車の中でチェックをして、大きく値が下がりそうだと思われる時は逆指値注文の設定の参考にしています。

息子たちに教えることも自分でやっていることもなるべくシンプルなのです。１日数十分くらいの間で判断するには、自分の物差しは少ない方がいいと思っています。

主な指標についての私の感想

指標名	参考レベル	評価
ローソク足	◎	投資の基本
板	◎	投資の基本
移動平均線	◎	クロスの状況を参考にしている
出来高	△	人気を把握するために使用
ボリンジャーバンド	◎	売買の指標として利用
ストキャスティクス	△	勢いを把握するために使用
日経新聞	△	読んでいて損はない （だが、読んだら儲かるかは疑問）
TV番組	△	TOKYO MXテレビTOKYO MARKET WIDEは見ている
CMEの日経平均先物	◎	通勤中に必ずチェック
為替相場	○	円高だと下がり傾向、円安だと上がり傾向
SNSや掲示板	×	混乱するだけです
証券会社の営業マン	×	投資をしっかり勉強している人に当たったら○ （が、あまりいない…）

第2章

いざ実践！売買はこんなに簡単だ！

最初に株を買う時、きっとドキドキするでしょう。でも何度か続けていくと慣れるものです。末永く株と付き合うために必要な「損切り」の方法も紹介します。

株を初めて買ってみる

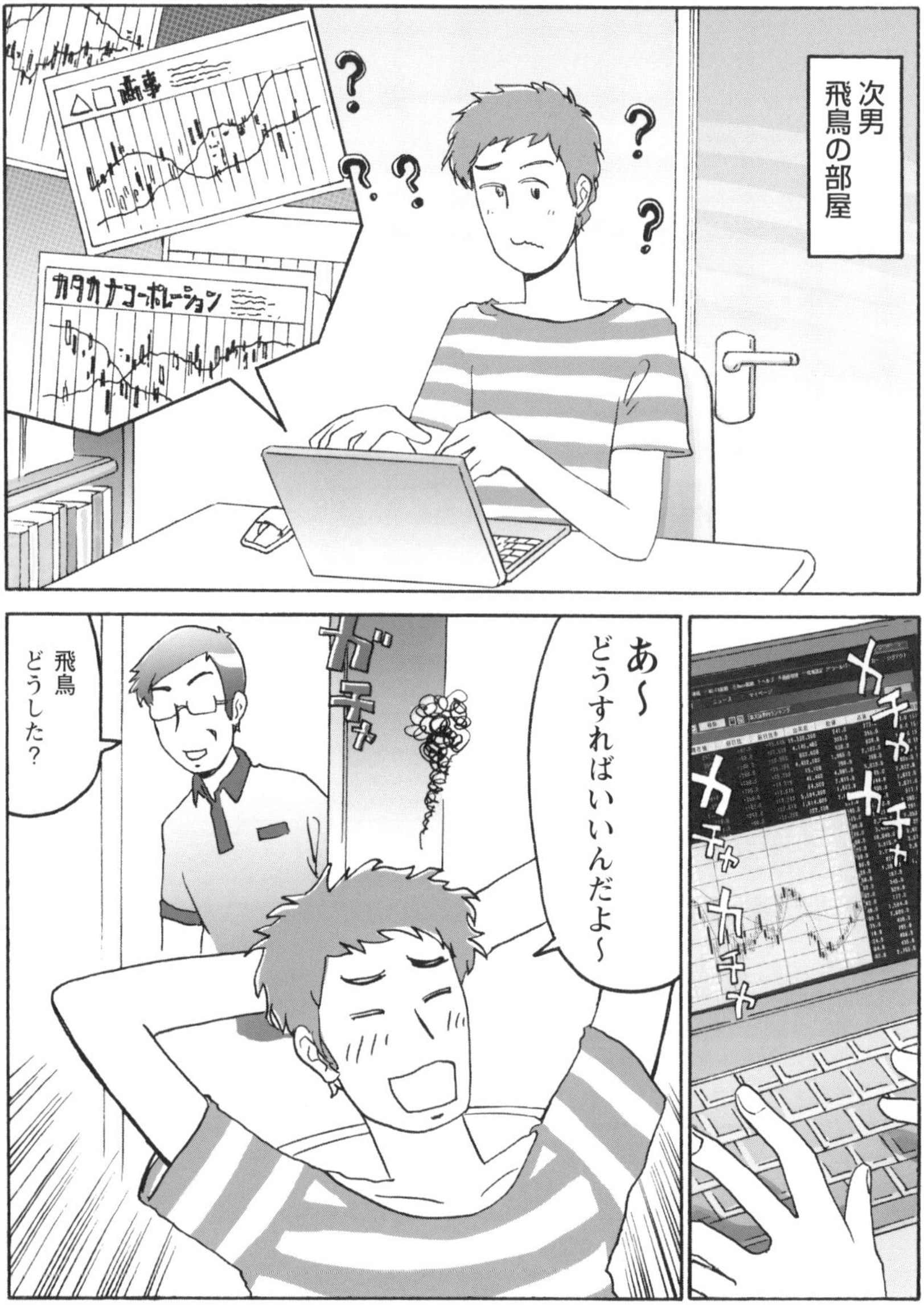
次男
飛鳥の部屋
△□商事
カタカナコーポレーション
カチャカチャ
カチャカチャ
カチャカチャ
あ〜
どうすればいいんだよ〜
ガチャ
飛鳥
どうした？

チャートの見方は何となく分かったけどどの会社のチャートを見ればいいか分からないよ
なるほど
まずは自分が知っている会社から見るといいよ
ボクの知っている会社か～
ポン
ドトール！
おっいいねえ
学校近くのドトールによく行っているよ
DOUTOR
ほう～

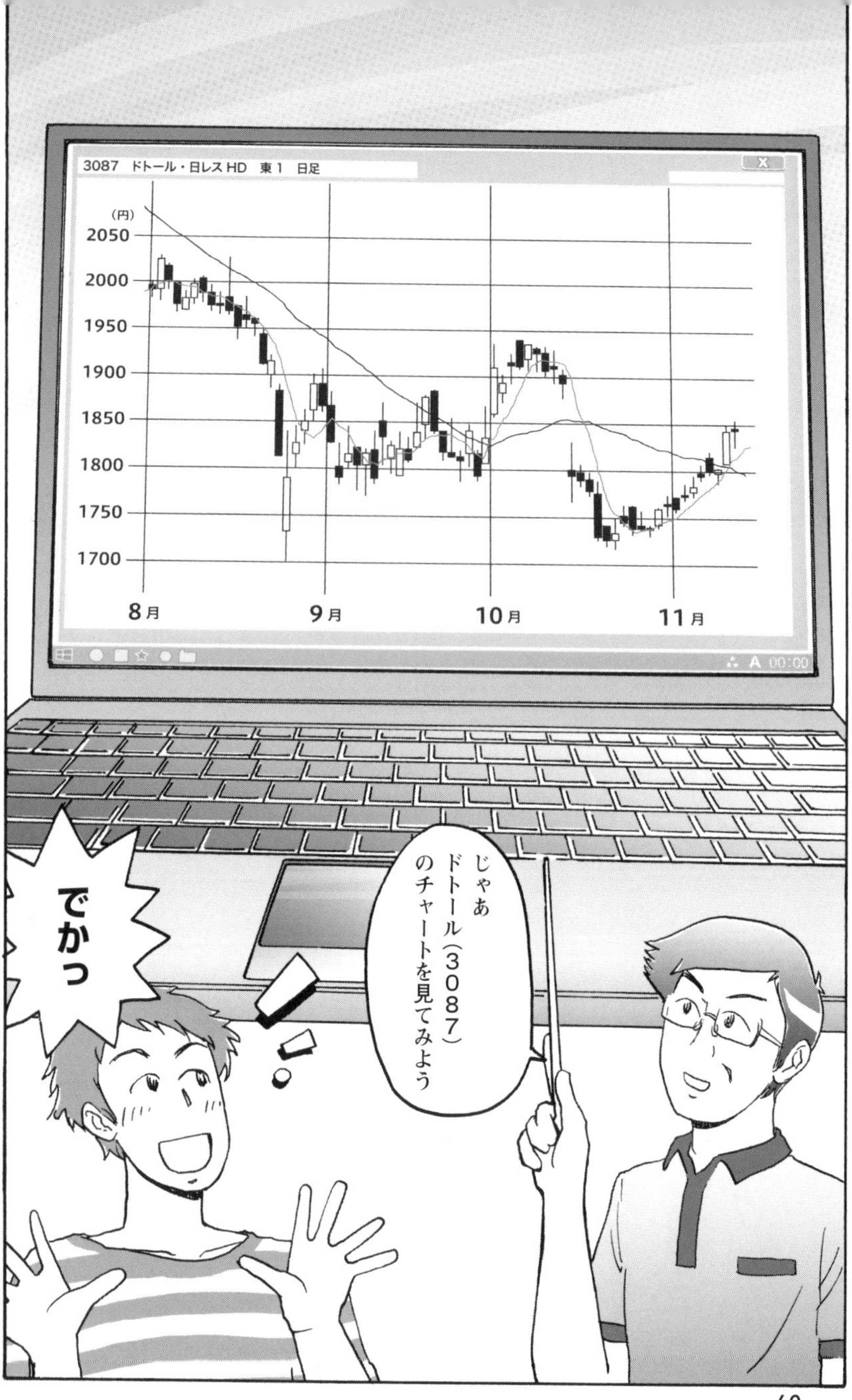

3087 ドトール・日レスHD 東1 日足
(円)
2050
2000
1950
1900
1850
1800
1750
1700
8月
9月
10月
11月
じゃあドトール(3087)のチャートを見てみよう
でかっ

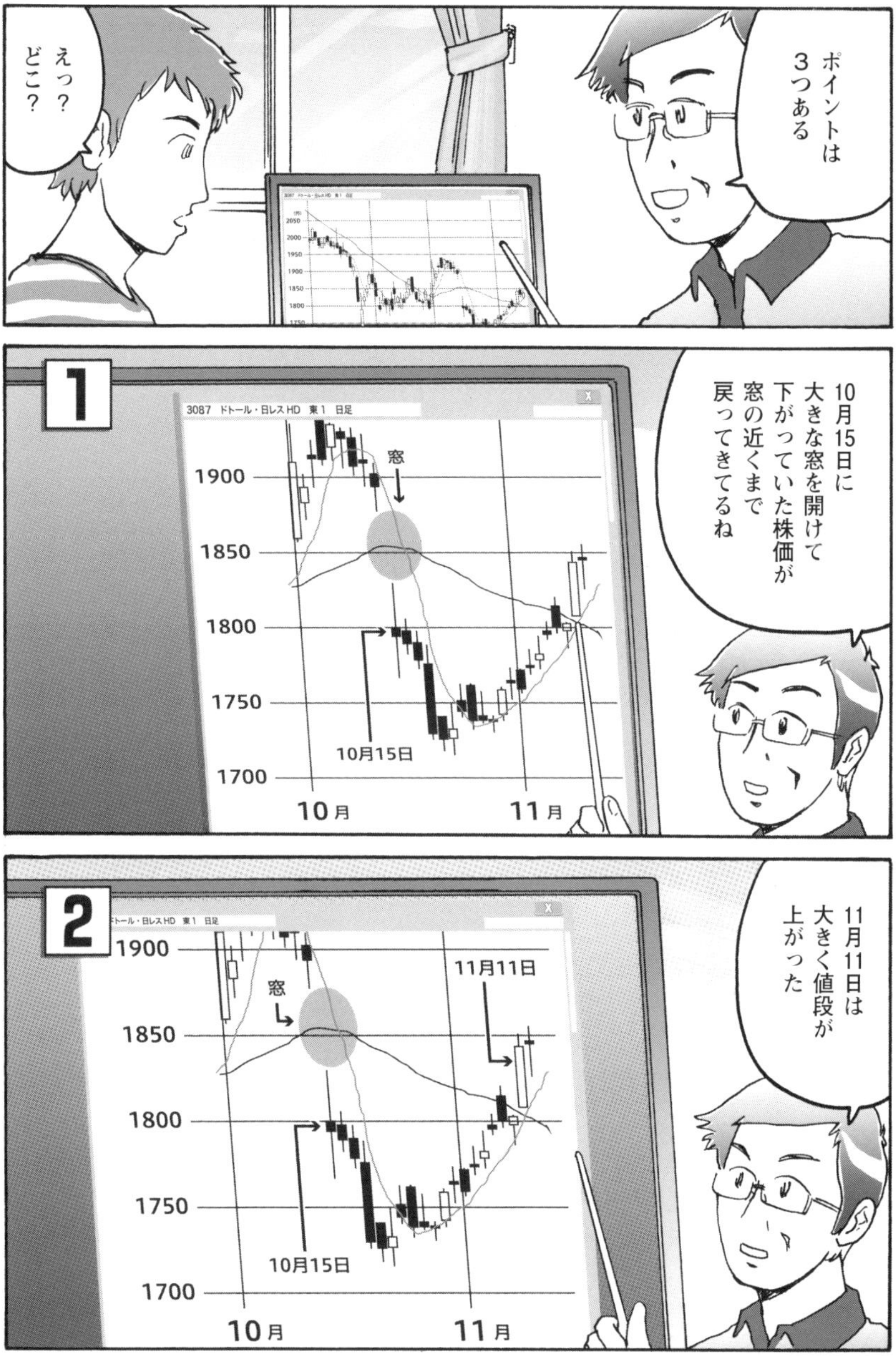

ポイントは3つある
えっ？どこ？
1
10月15日に大きな窓を開けて下がっていた株価が窓の近くまで戻ってきてるね
3087 ドトール・日レスHD 東1 日足
窓
1900
1850
1800
1750
1700
10月15日
10月
11月
2
11月11日は大きく値段が上がった
ドトール・日レスHD 東1 日足
1900
1850
1800
1750
1700
窓
11月11日
10月15日
10月
11月

3
11月11日
ゴールデン
クロス！
そして11日は
ゴールデンクロス
にもなっているね
クイッ

なかなかいい形だ！
どうだい？
教えた買いサインは
出てるよね
3087 ドトール・日レスHD 東1 日足
(円)
2050
2000
1950
1900
1850
1800
1750
1700
8月
9月
10月
うん！
買ってみよう！

「注文」ボタンを押して…
「現物買い注文」を選び
「通常注文」の中の成行を選ぶ。
数量を今回は１００株と入力し
「口座区分」は**特定**とする
Market Speed - 現物買い注文
銘柄コード 3087 H
3087 ドトール・日レスHD 東１ 日足
通常注文
逆指値付通常注文
逆指値注文
買付可能額 500,000 円
内訳
数量 100 株/口
価格 指値 成行
概算約定代金（手数料含まず） 1,340 円 ～ 2,340 円
値幅制限
市場 東証
執行条件 本日中
口座区分 特定 一般 NISA
決済方法 預り金又はMRF
取引注意銘柄
確認
キャンセル
クリア
カチッ
「確認」を押して
注文完了！
ここで紹介している注文画面は
「楽天証券」のものです
注文画面の表記は各社で
変わってきます
注文できたー
１８４０円だって
上がって利益出たら
小遣い増えるね
おっしゃ〜
ポン

どの会社の株を買えばいいんだろう？

自分の知識にとらわれるのではなく、「その会社が今、注目されているか」を意識しよう

「どの会社の株を買えばいいのか、わからない…」

これは息子たちだけでなく、大人でも同じような疑問を持つ人は多いのではないでしょうか。

国内市場に上場している会社は３６００社以上もあり、それを1社ずつチャートを見て判断していくのは到底無理な話です。

息子たちは会社についてはほんとうに何もわからなかったので、まずは自分たちの身の回りにある会社から選ばせることにしました。でもこれは投資で儲けるという観点からすると間違いです。必ずしも身の回りの会社＝投資向きの銘柄というわけではないからです。

だからといって、私が選んだ銘柄で売買させてしまうと、自分で銘柄を探し出す能

力が培えないと思い、最初は身近にある会社でもいいと判断しました。

大人の皆さんが株を買うときはどうすればいいでしょうか。

皆さんは私の息子たちよりも、その会社や業界がどんな位置づけにあるかがイメージできると思います。

ただ、知識があるのも困りものです。

「あの業界は、いま円安なので苦しいのではないか…」

「この前同業者の不祥事が発覚したので、この会社も同じようなことをしているのではないか…」など様々な心配事が思い浮かび、買うモチベーションを低下させる要因になるかもしれません。

私たちがやろうとしているのは長期投資ではありません。短くて数日、長くても数ヵ月の間に株価が上がればいいのです。そのために一番大事なことは、いま注目されているかどうかです。

いま注目されていて、かつ、チャートの形状が良い会社の株を買えばいいのです。

そのような株を探し出すツールとして、私はメールマガジンを利用しています。その具体的な情報については、次の章で説明します。

注文前に知っておくこと

実際の注文をする前に知っておくべきこと

証券取引所の種類

主な証券取引所は「東証一部」「東証二部」「マザーズ」「ジャスダック」などですが、この中でも一番大きい取引所は、「東証一部」です。この「東証一部」では、外国人投資家が約70％を占めています。購入対象はどの証券取引所に登録されている銘柄でもいいのですが、一番大切なことは買いたい時、売りたい時にすぐに売れるような、取引が活発な銘柄を選ぶことです。

2018.2月現在

取引所名	登録会社数	主な会社	特徴
東証一部	2066	NTTドコモ、みずほフィナンシャルグループ、トヨタ自動車、任天堂、JR東日本など	厳しい上場審査を通った大企業が上場されている。株の発行高も多く、値動きは比較的安定している。
東証二部	520	エスビー食品、不二サッシ、ラオックス、フマキラー、安楽亭、ヒラキ、大黒屋HDなど	東証一部ほどではないが厳しい上場審査を通った中堅企業が上場されている。値動きは比較的安定している。
マザーズ	244	ミクシィ、サイバーダイン、ライフネット生命、サマンサタバサ、オイシックスドット大地、旅工房、そーせいグループなど	事業規模が小さく、株の発行高も少ないベンチャー企業が多いが、新製品や決算発表により、株価が大幅に動くことも多いので、うまく流れに乗れれば大きく儲かる。
ジャスダック	706	大塚家具、日本マクドナルド、シダックス、サニーサイドアップ、大戸屋HD、パピレス、センチュリー21など	事業実績や存続性がある程度認められた会社はスタンダードに区分され、将来の成長の可能性を秘めている会社はグロースに区分されている。

注文の種類

注文には、現物買い・信用買いの2種類があります（信用売りという取引もありますが、ここでは省きます）。

現物買いというのは、10万円の株を10万円で買うことです。

一方、信用買いというのは、証券会社からお金を借りて株を買うことです。借りることができるのは最大で約3倍ですので、10万円で最大30万円分の株を買うことができ、儲けは現物買いの3倍程度になります。

ただし、損した時の損ももちろん3倍程度になります。

「お金を借りて株を買う」わけですから、当然金利を支払わなければなりませんし、株を持ち続ける期間が限られるといった制約があります。

仕事をしながら取引をするサラリーマンには、仕事が手に付かなくなる恐れもあります。なのでサラリーマンの方には、最初のうちから信用買いをすることは、あまりおすすめしません。現物取引で慣れてから取引するのがよいでしょう。

成行注文　指値注文　逆指値注文

ものを買うときは大体、「今すぐ欲しいので、いくらでもいいから買いたい」または「安く買いたい」と思うのが一般的な流れではないでしょうか。今回の株の購入は、「今すぐ買おう」と思ったので、成行注文をしました。

「今よりももう少し安くなったら買いたい」と思ったら、指値注文を設定すれば、希望の値段まで下がったら買えます。

その一方で「もっと上がったときに買いたい」時は、成行注文では買えません。希望の価格まで上がるまでずっとチャートとにらめっこしていれば買えるかもしれませんが、それではあまりにも非効率です。そんな場合、逆指値注文を使います。

「株価が○円以上になったら、○円または成行で買い」と注文を出しておけば、希望の価格まで上がれば買えますし、上がらなければ注文は執行されません。

売る時も「株価が○円以下になったら、○円または成行で売り」という逆指値注文を出しておけば、自分の意図どおりの金額で売ることができます。

執行条件

入力した注文をいつまで有効にするのかをここで入力します。

本日中、今週中、期間指定はその言葉のとおりです。「寄り付き」とは、朝一番初めに値段が付いた時に実行されます。「引け」とは、市場の取引の最後、つまり当日15時の最後の値段が付いた時に実行されます。

「不成」とは、当日15時の最後の値段が付くまでに指値注文が約定できなかった時に成行で実行されることをいいます。

口座区分

口座には「特定」「一般」「NISA」の3種類があります。「特定」とは、株が儲かった時、自動で税金が徴収され、確定申告が不要となる口座のことです。（事前に申し込みが必要です。あと、特定でも税金が徴収されない設定もあります）

「一般」とは、儲かった時に税金が徴収されないので、あとで自分で確定申告が必要な口座のことです。（何も手続きをしないと、この口座になります）

「ＮＩＳＡ」とは、年間投資金額が１２０万円までは儲かっても税金がかからない口座です。（事前に申し込みが必要です）

口座区分

	年間取引報告書	確定申告	備　考
一般	自分で作成	必要	株以外に先物・ＦＸなどの投資も行っていて、まとめて確定申告したい人向け。
特定（源泉徴収あり）	証券会社が作成	しなくてもいい	利益が出たらその約20％が税金として自動的に徴収されるので、確定申告はしなくても大丈夫。ただし年間通算で損している時は、確定申告すると税金が戻ってくる。
特定（源泉徴収なし）	証券会社が作成	必要	年間利益の総額が20万円以下の場合は確定申告は不要。
NISA	発行されない	不要	この口座の株や投資信託の購入額が年間120万円までで、その利益や配当金については５年間非課税。非課税投資枠は年40万円だが最長20年間非課税の「つみたてＮＩＳＡ」や、未成年（０～19歳）を対象に年間80万円の非課税投資枠で最長５年間非課税の「ジュニアＮＩＳＡ」という制度もある。

損切りって何？

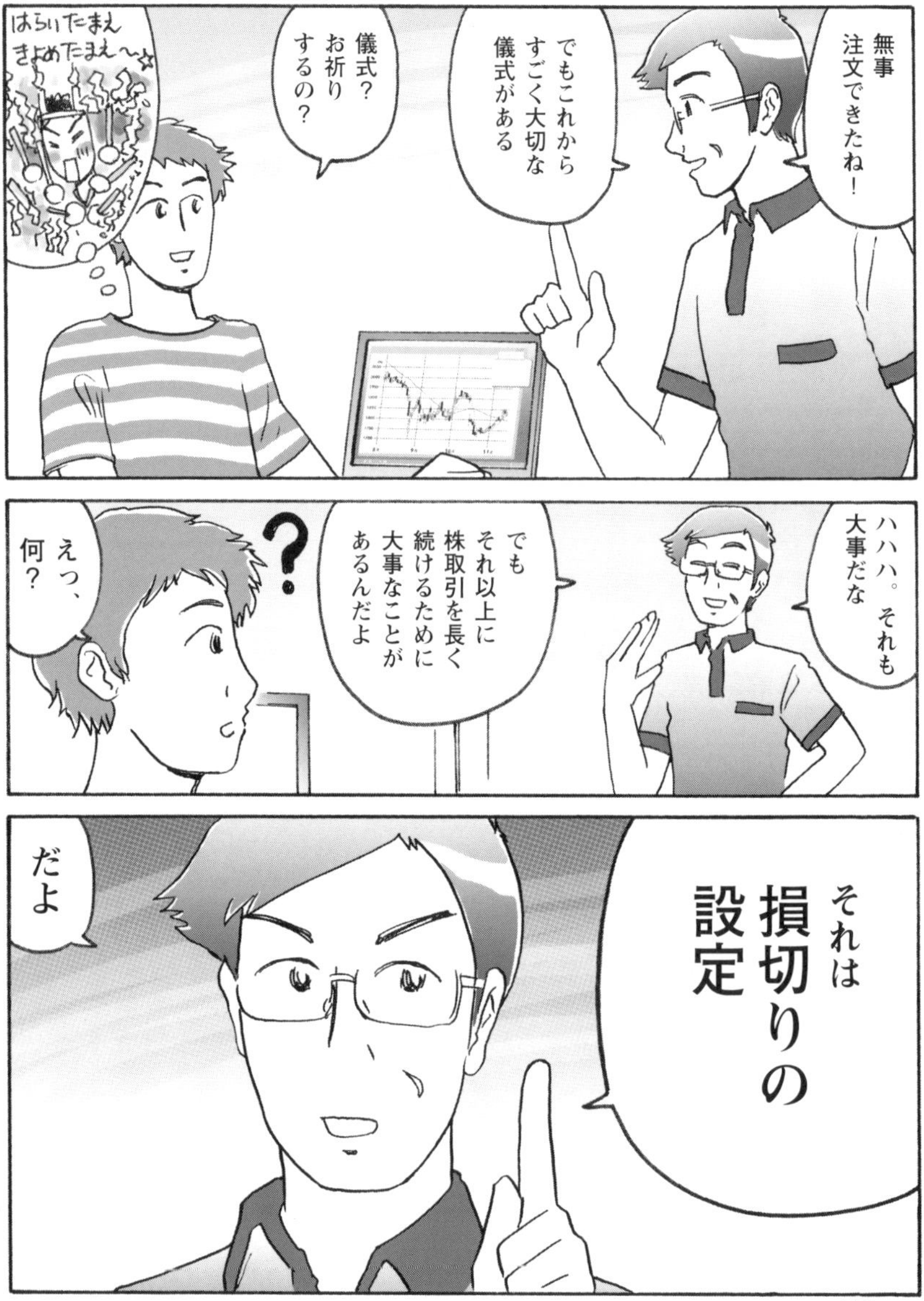
無事注文できたね！
でもこれから すごく大切な 儀式がある
儀式？ お祈り するの？
はらいたまえ きよめたまえ～☆
ハハハ。それも 大事だな
でも それ以上に 株取引を長く 続けるために 大事なことが あるんだよ
？
えっ、何？
それは 損切りの 設定
だよ

飛鳥は
チャートを見て
この株は上がる！と
思って買ったよね？
そうさ！
よく調べたんだから
絶対に儲かるよ！
でもね
株って
予期せぬことで
急落する時も
あるんだよ
例えば…
どこかの国で
テロが起きて
ドカーン
株券
それが原因で下がったり
政治家の発言ひとつで
増税！
えーっ！
ドーーン!!
株券
急にドン！と下がったりするわけ

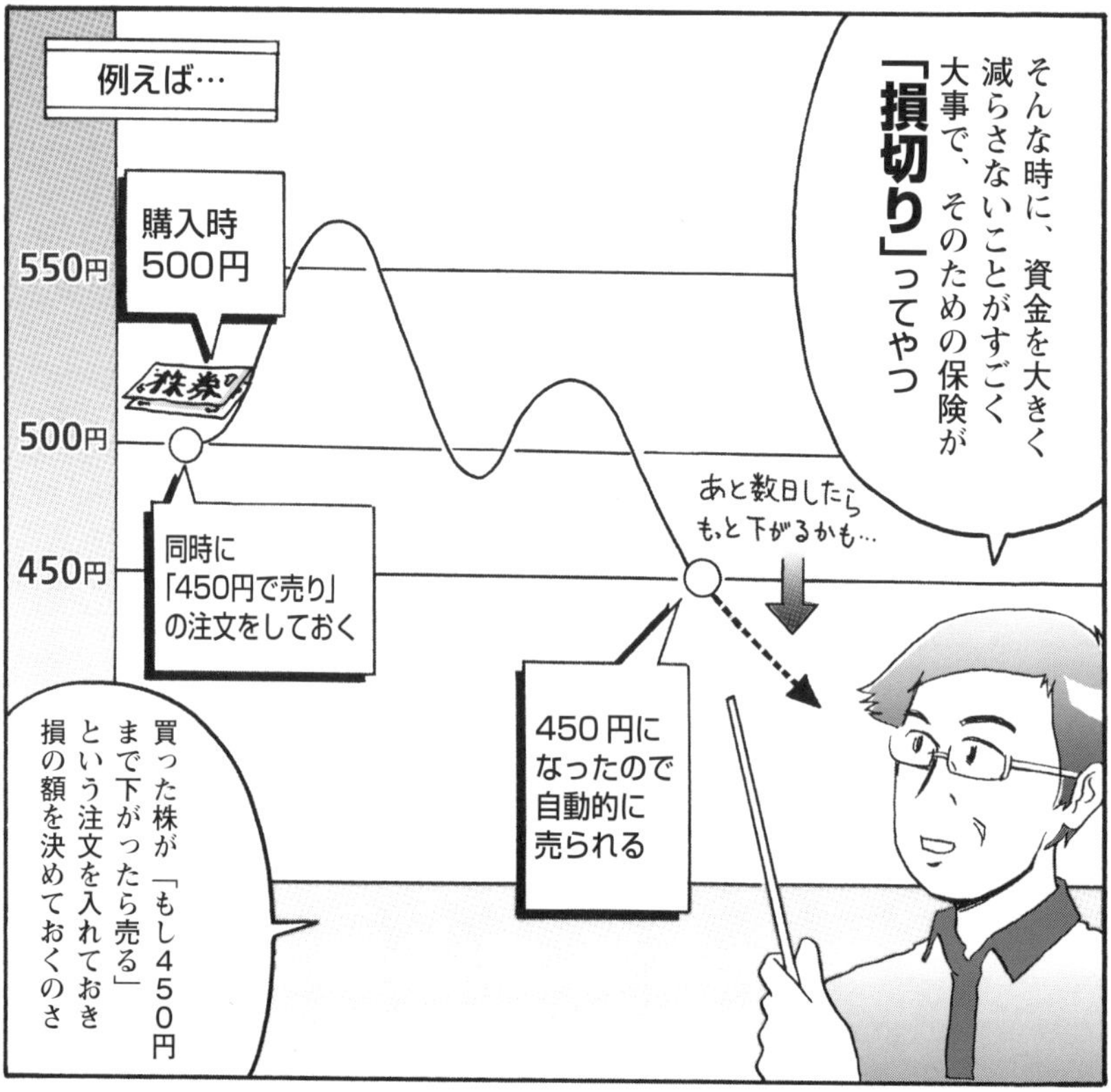
そんな時に、資金を大きく減らさないことがすごく大事で、そのための保険が「損切り」ってやつ
例えば…
購入時
500円
550円
株券
500円
同時に
「450円で売り」
の注文をしておく
450円
あと数日したらもっと下がるかも…
450円に
なったので
自動的に
売られる
買った株が「もし450円まで下がったら売る」という注文を入れておき損の額を決めておくのさ

大損しないためかぁ…
でもさ
損した時のことを考えるなんてなんか弱気だよね実際に損した時に考えればいいんじゃないの？
クル
クル

下がった時に、冷静でいられるかな？
ふぅ〜ん
えっ?!
どういうこと？
また上がるさ！って都合のいいように考えたりしないかい？
ドキッ！
そのまま損失が増えていくとますます売りたくなくなる
これを「塩漬け」といって株で失敗する一番の原因なんだ
株券
にっちもさっちもいかなくなるのね…
予想に反して下がったら
一度売ってスッキリする
そしてまたチャートを見直して、上がると思ったら買えばいい
上がりました
その方が楽なんだ その精神状態が株で長く儲けるコツなんだよ
なるほど

損切りの設定

実際に損切り設定をする時、どうするのか？　何に気をつけるべきなのか？　を解説します

飛鳥が言うように、「儲かるために株を買うのだから、買った直後に損したことを考えるのはおかしいのでは？」と思う人もいると思います。しかし株というのは、様々な事情で下落することも十分にありえます。その状況に直面した時、自分の意志とは別に自動的に株を売ってしまい損失を最小限にとどめておくことも大切な投資手法のひとつなのです。

私も最初のうちは損切りの設定をすることに抵抗がありました。しかし損切りをしないまま、損失がどんどんと膨らんで行き、株を売るに売れなくなり、投資資金が「塩漬け」状態となってしまった時に「あの時に売っていれば気が楽だったのに…」と、損切りの大切さを痛感しました。これから投資を始める皆さんはぜひ損切りを忘れずに設定してください。損切りの方法は次のページで紹介します。

①「現物売り注文」のページに行く

②「逆指値注文」をクリック

③買った数と同じ数量を入力

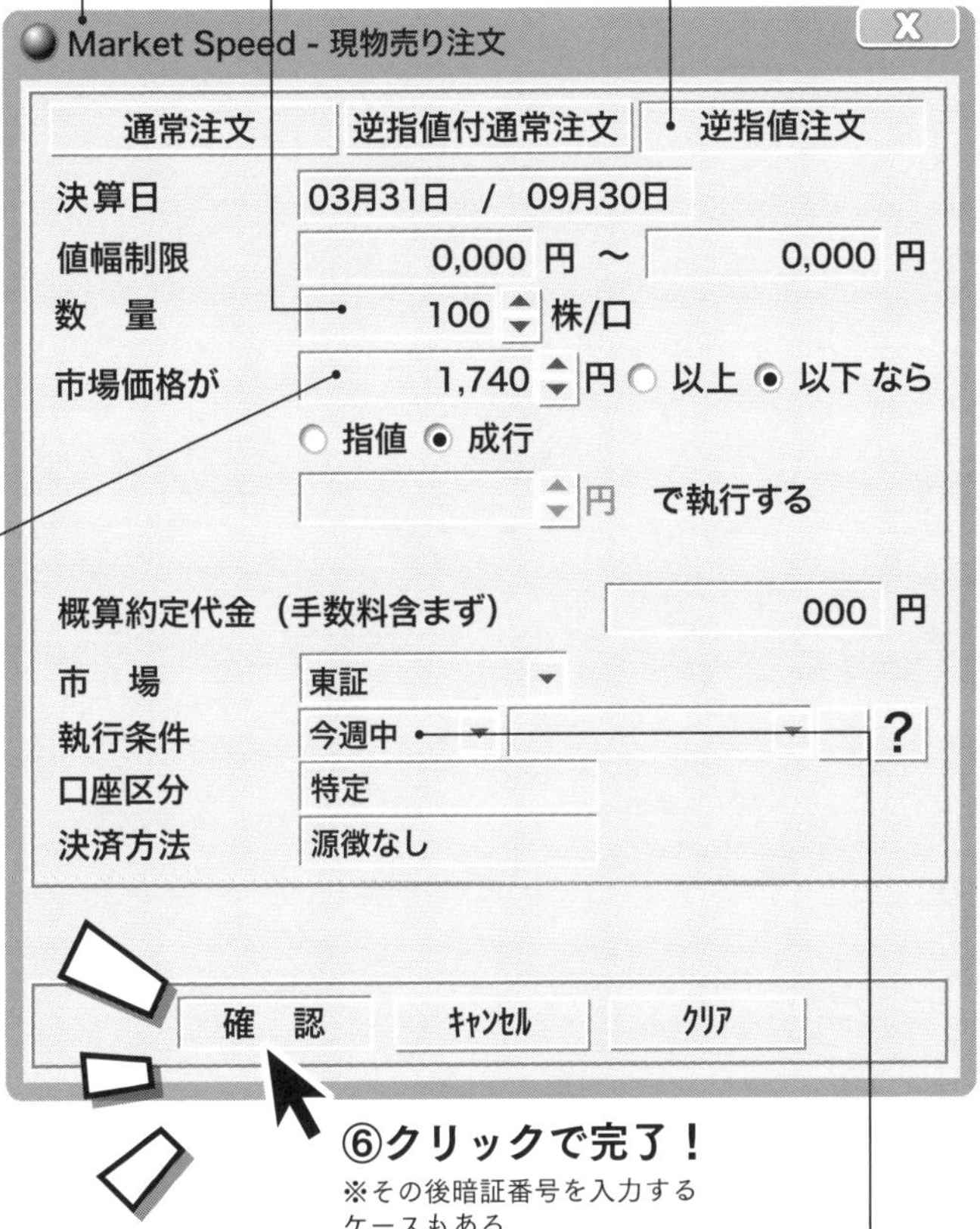

⑥クリックで完了！

※その後暗証番号を入力するケースもある

④いくらまで下がったら自動的に売却するかの値段を入れる。
私の場合、購入価格よりも5％下落の金額で設定することが多い

⑤「今週中」を選ぶことが多いが、週末ならば次の週末までにすることもある

損切りはダマシに注意！

損切りをするにしても、どのくらい下がったところで設定すればいいのだろうか？
以下のチャートを例に見てみよう。

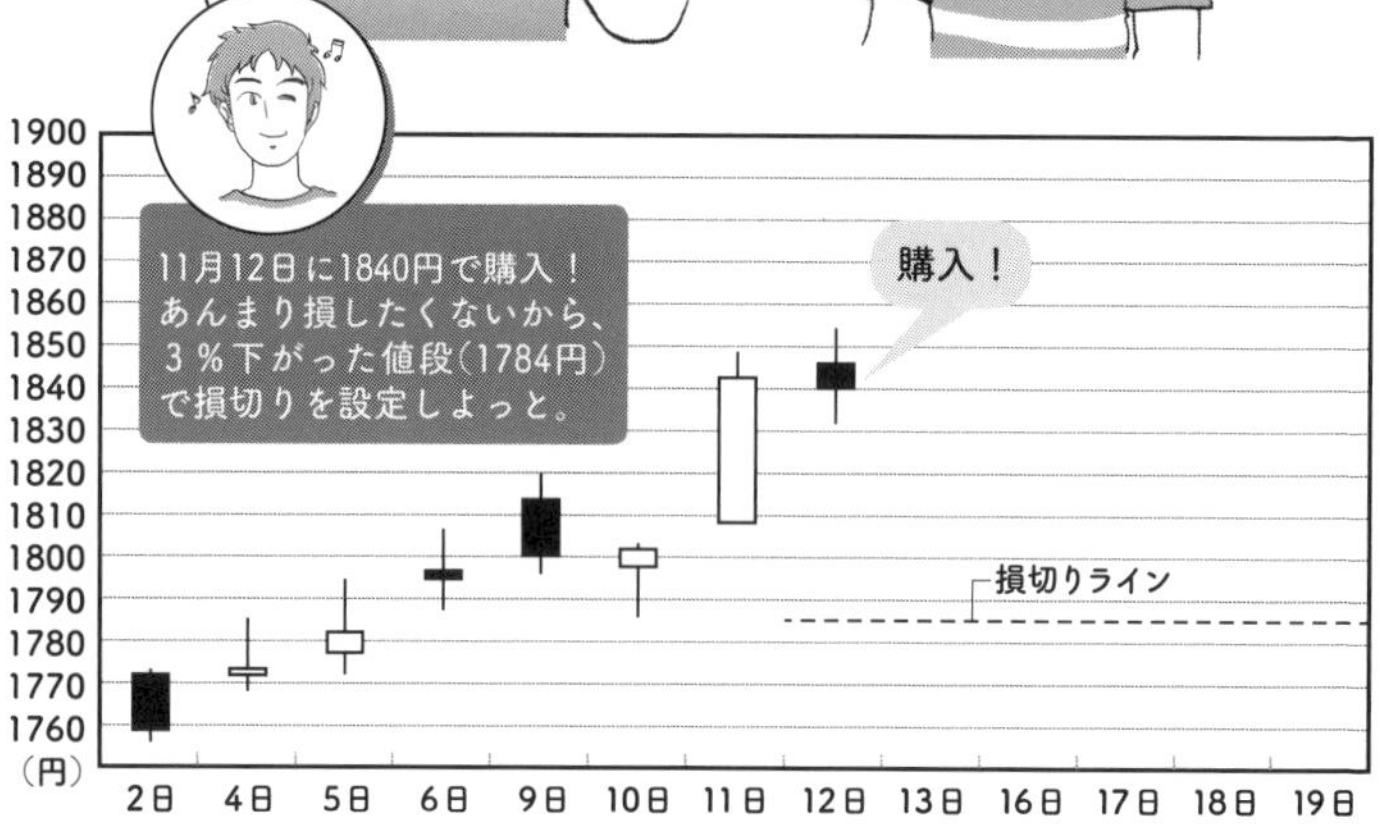
11月12日に1840円で購入！
あんまり損したくないから、
3％下がった値段（1784円）で損切りを設定しよっと。
購入！
損切りライン
1900
1890
1880
1870
1860
1850
1840
1830
1820
1810
1800
1790
1780
1770
1760
（円）
2日
4日
5日
6日
9日
10日
11日
12日
13日
16日
17日
18日
19日

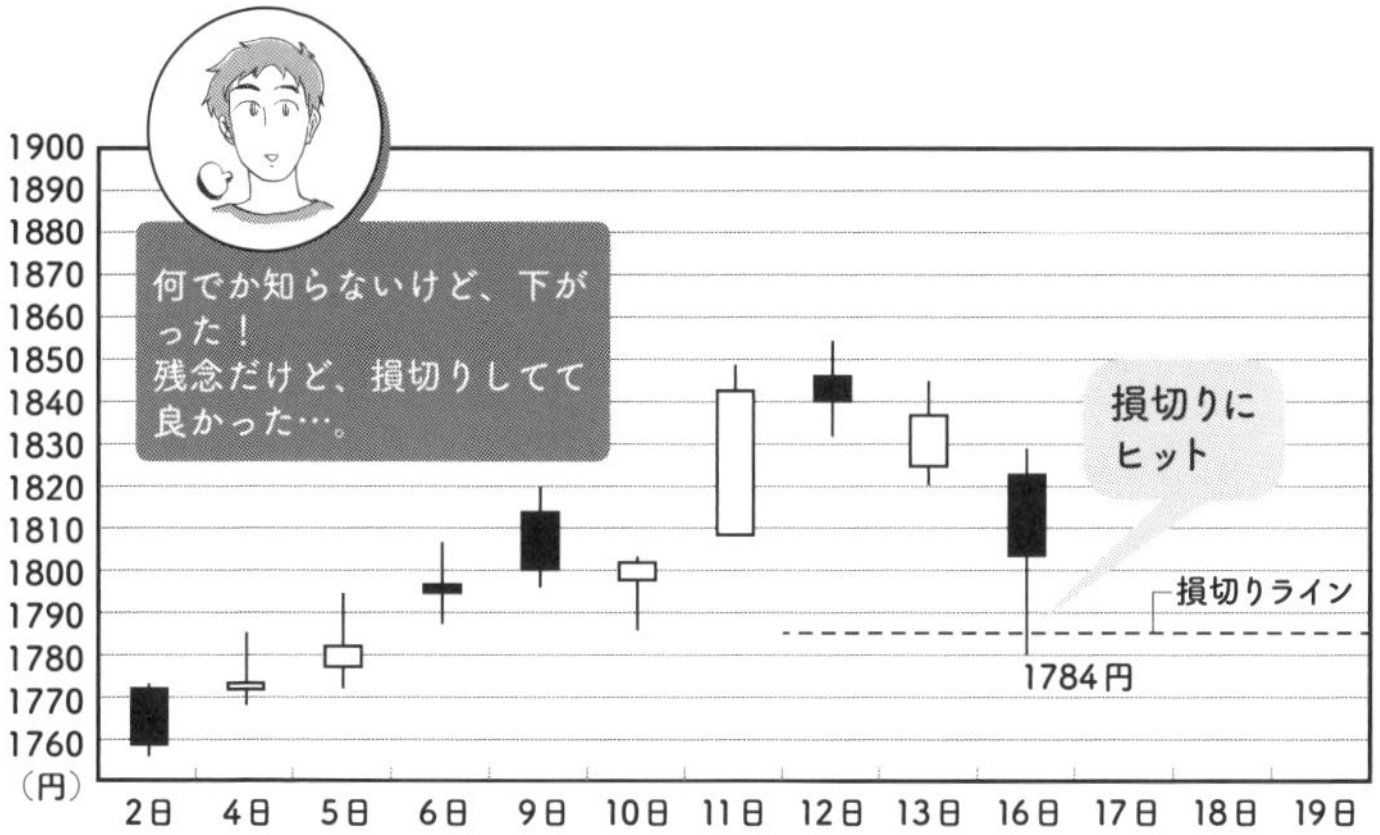

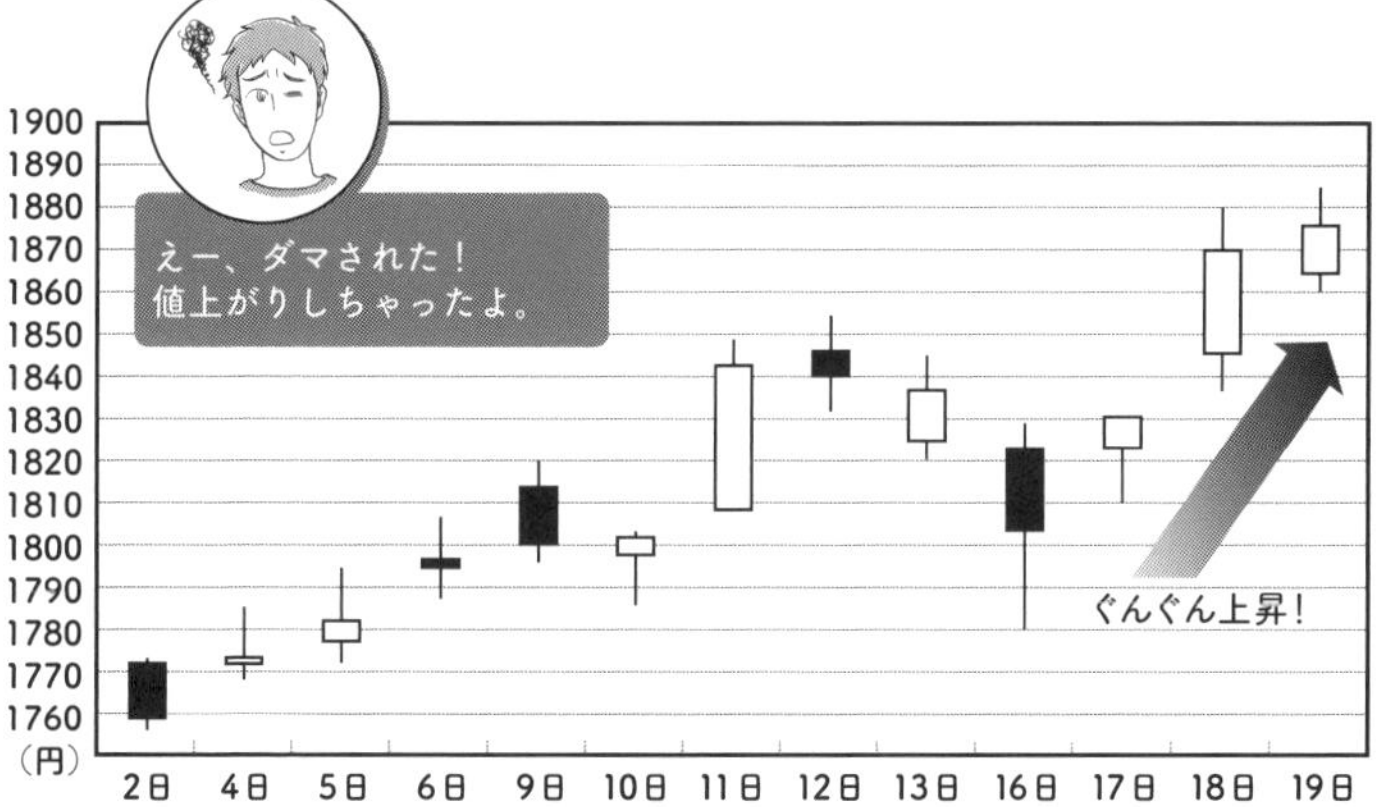

結論

損切り幅を小さく設定し過ぎると、ほんの少し下がっただけで損切りにヒットしてしまい結果的に儲からないケースが頻発します。したがって私は、損切り設定額は最低でも**5％**くらいで設定するのがいいと考えます。

株を売るタイミング

ドトール（3087）の株を買って約2週間後
現在 1930円!
(円)
1950
1900
1850
1800
1750
1700
1650
10月
11月
12月
おーっ、1840円で買った株が上がってる!!

夏休みのコンビニのバイトが
最高のコンビニ
時給850円
1日6時間勤務で5100円だったから
それよりも多い！すげー!!
でもこれっていつ売ればいいのかな？
下がってしまったらイヤだな…
お父さーん！
ん？
2週間で9000円の儲けかなかなかいいね
でも、そろそろ売った方がいいかも
ポン

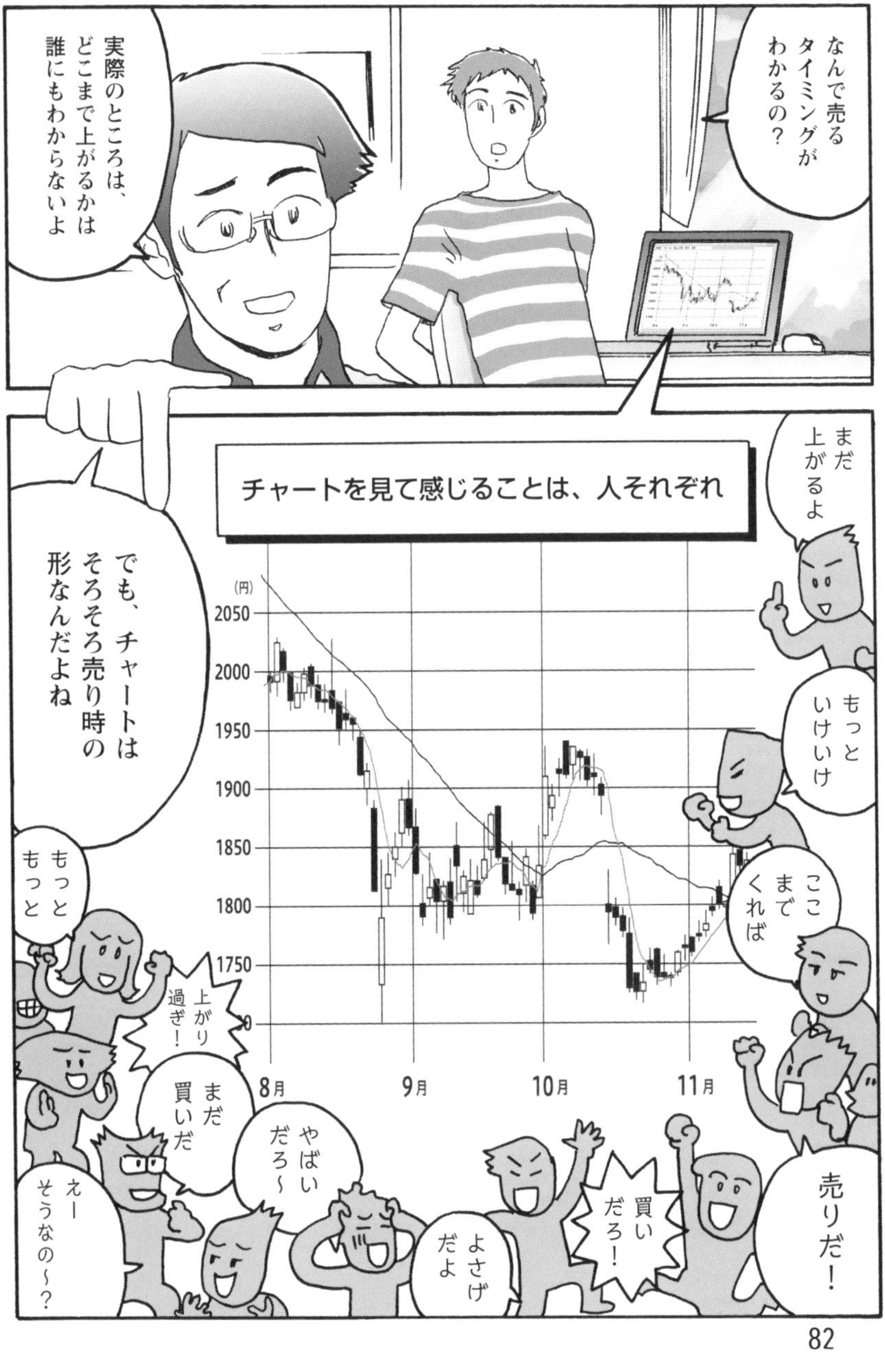
なんで売る
タイミングが
わかるの？
実際のところは、
どこまで上がるかは
誰にもわからないよ
でも、チャートは
そろそろ売り時の
形なんだよね
チャートを見て感じることは、人それぞれ
まだ
上がるよ
もっと
いけいけ
ここ
まで
くれば
もっと
もっと
上がり
過ぎ！
まだ
買いだ
やばい
だろ～
えー
そうなの～？
よさげ
だよ
買い
だろ！
売りだ！
(円)
2050
2000
1950
1900
1850
1800
1750
8月
9月
10月
11月

ボリンジャーバンド

今の株価が上がり過ぎか、下がり過ぎかが、視覚的にわかるチャート

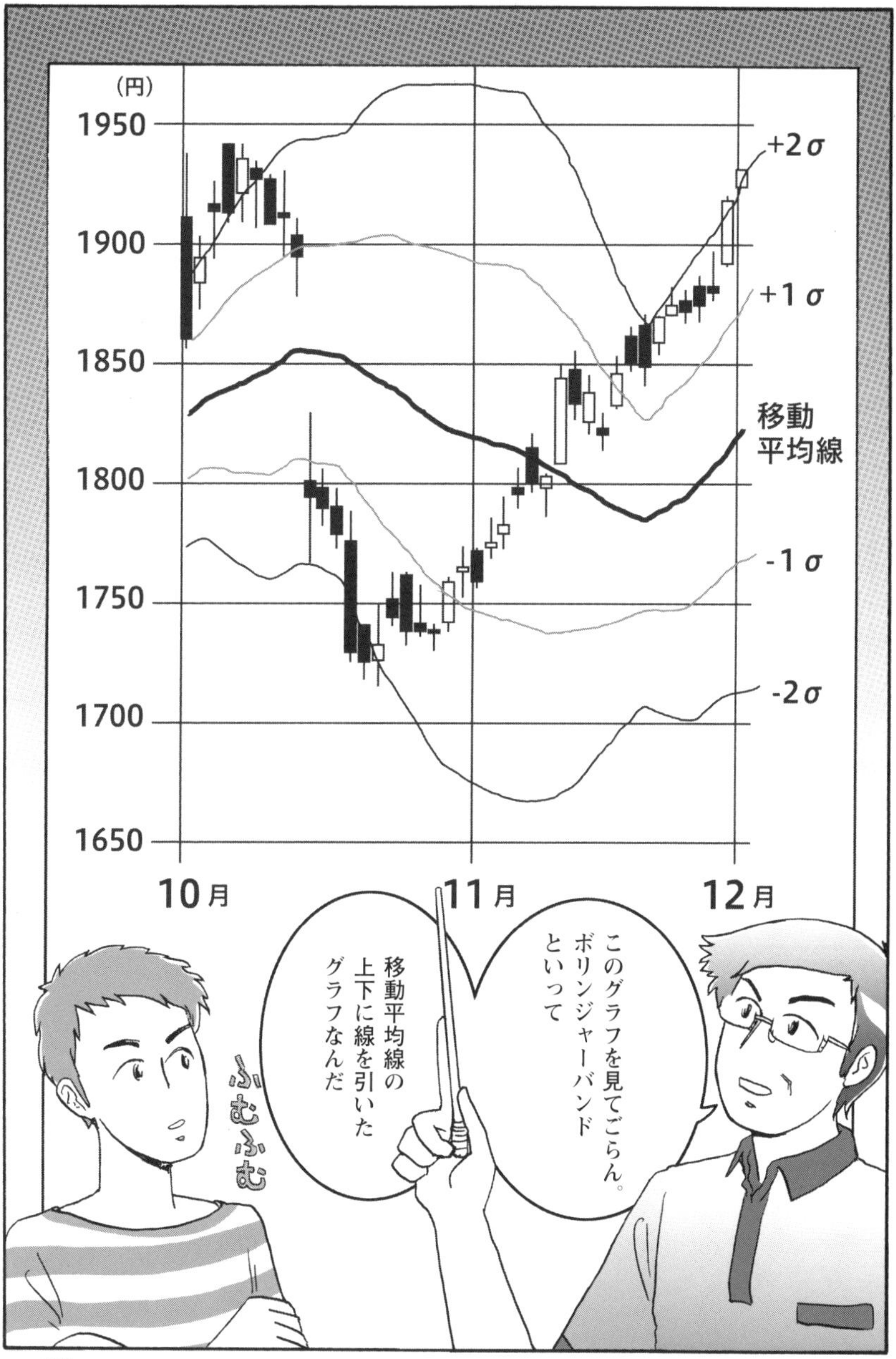

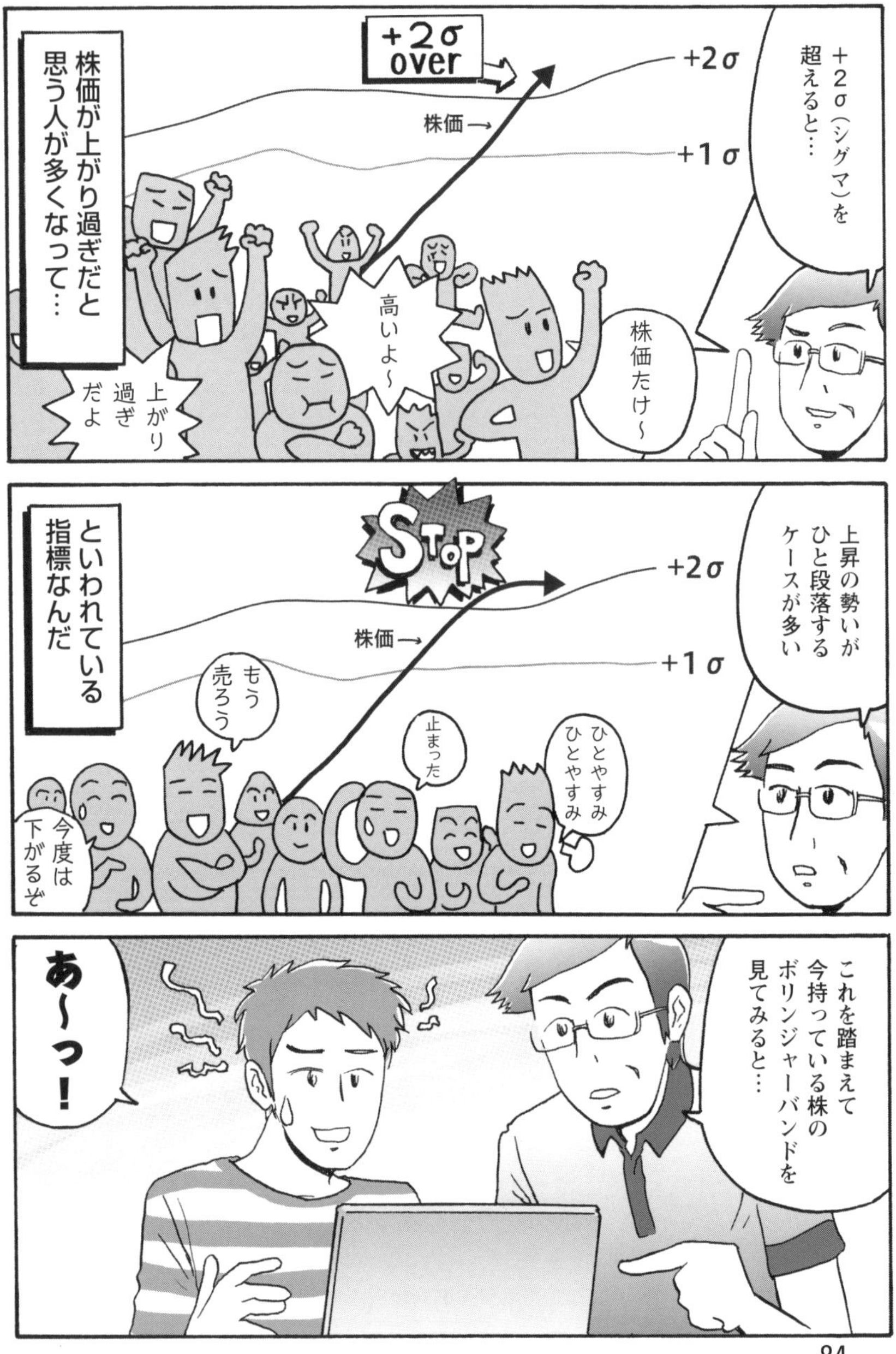

+2σ（シグマ）を超えると…
株価が上がり過ぎだと思う人が多くなって…
+2σ over
株価→
+2σ
+1σ
高いよ〜
株価たけ〜
上がり過ぎだよ
上昇の勢いがひと段落するケースが多い
といわれている指標なんだ
STOP
株価→
+2σ
+1σ
もう売ろう
止まった
ひとやすみひとやすみ
今度は下がるぞ
これを踏まえて今持っている株のボリンジャーバンドを見てみると…
あ〜っ!

昨日から＋2σを超えてしまっているよ!!
昨日から？
昨日
ということはこれより上がるのは5％の確率しかない
株価
上昇5%
下落95%
だからもう売り時だね
マジっす…
早く売らないと下がっちゃうよ～
よし、売ろう！売る時の手順はこうするんだ

売り注文の手順

持っている株を売る時の手順を解説します

1

「現物訂正・取消注文」をクリック

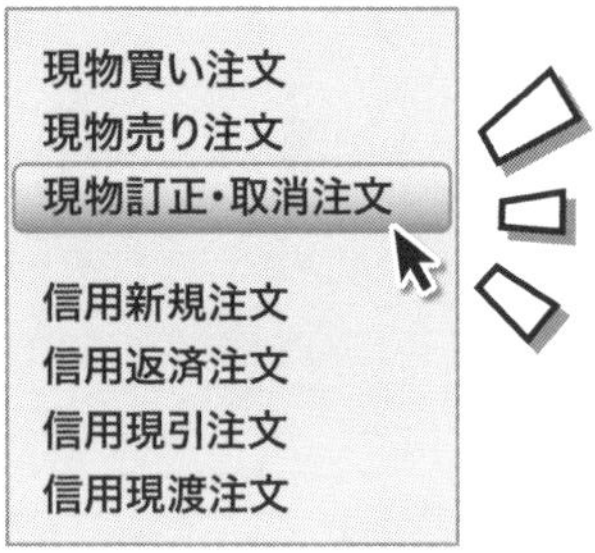

2

今設定している「逆指値注文」を選択して、注文取消し（※これで逆指値注文が取り消されます）

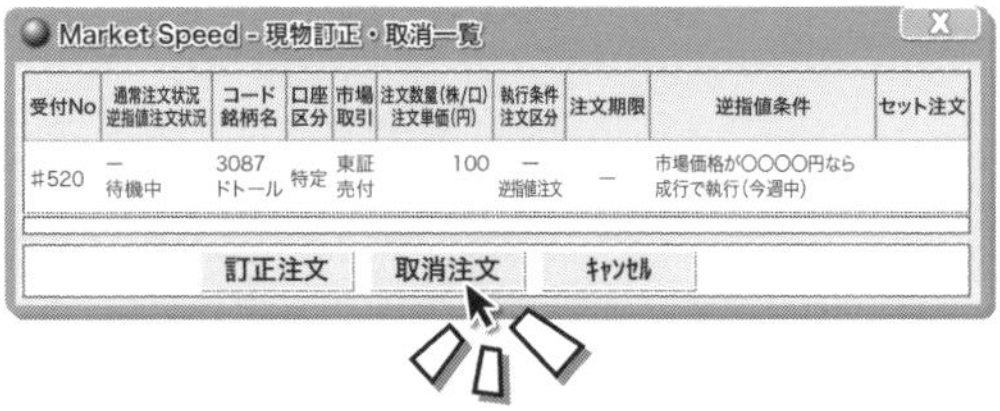

3

取り消したあと、再度「現物売り注文」をクリック

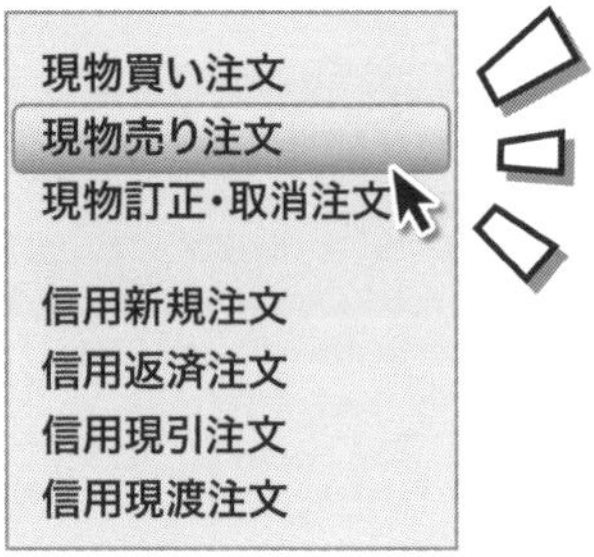

4

「通常注文」を選び、
買った時と同じ数量を
入力して「成行」を
選択して「確認」を
クリック

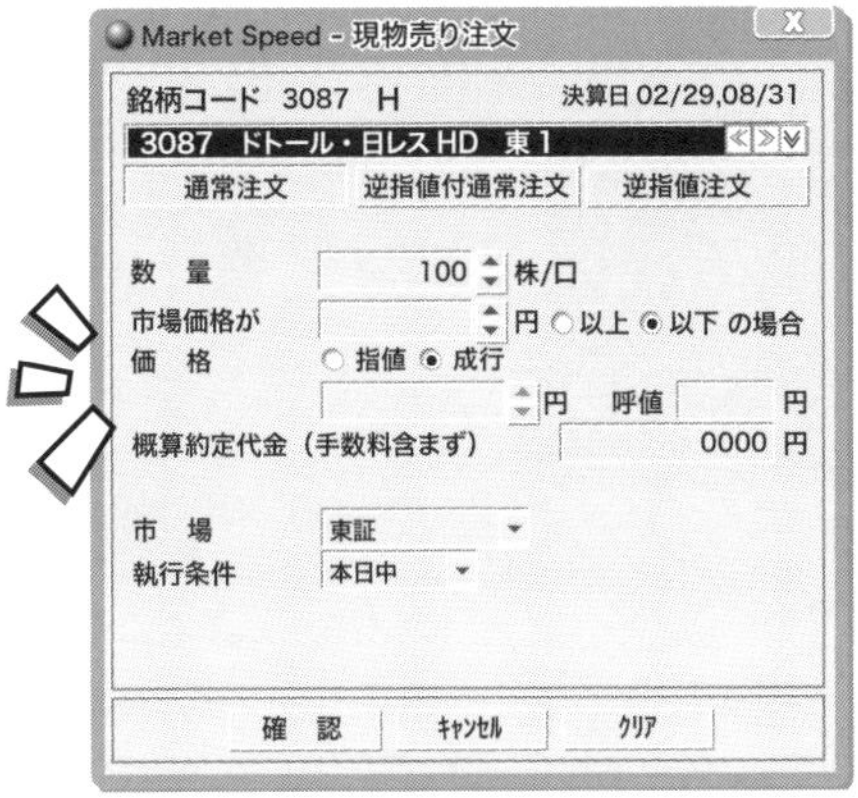

5

暗証番号を入力して
「執行」を押せば、
注文完了

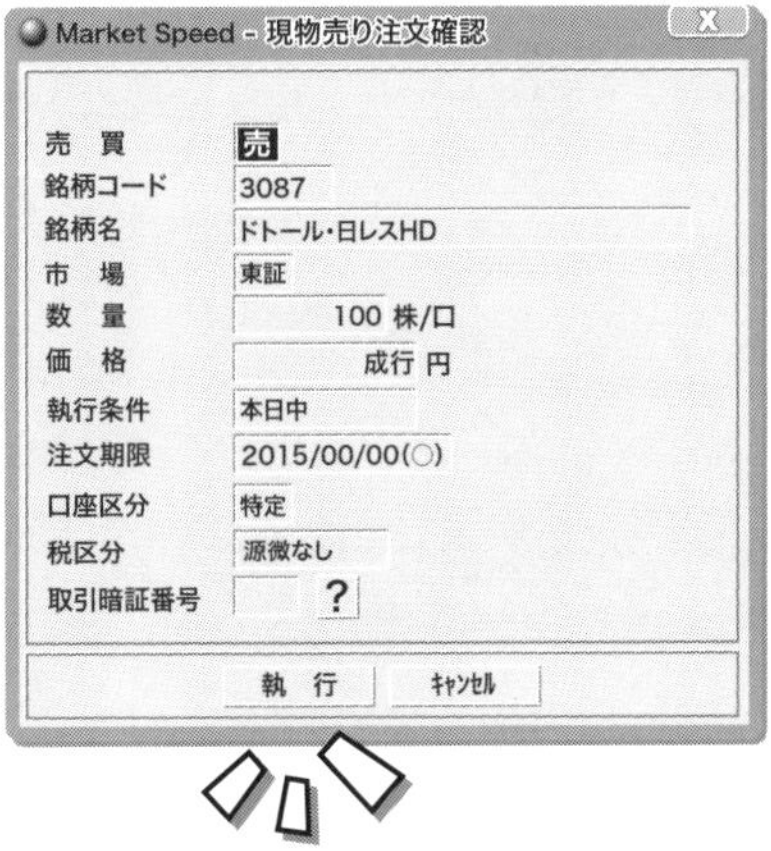

「売り注文」の仕方も慣れてしまえば、本当に簡単な手続きで済むのです。
重要なことは、やはり売り注文を決める時のタイミングです。

板って何？

長男・大河
今日は家で株の勉強中
この銘柄を見てみようっと…
市況情報ー国内株式
銘柄 0000 市場 東証 検索
0000 ○×銀行 東証1部
現在値 ↑ 1000 9:30
前日比 +20円
歩み1 990
歩み2 1000
歩み3 990
出来高 0000000
売数量 値段 買数量
1500 1040
20000 1030
1400 1010
800 1000
500 990
980 180
970 1500
960 900
950 880
940 1020
!?
チカッ
何だコレ？
??

父さ〜ん
ん？
数字がチカチカしてるこの表は何？
それは「板」というものだよ
板？
株の注文数がどの位あるかわかる表さ
銘柄 0000 市場 東証 検索
0000 ○×銀行 東証1部
売数量 値段 買数量
1500 1040
20000 1030
1400 1010
800 1000
500 990
980 200
970 1500
960 900
950 880
940 1020

左側は売り注文の数
右側は買い注文の数
そんな事が分かるんだ
この株、大河はいくらなら買いたい?
そうだなぁ
960円ならばいいかも
だったら960円で買い注文を出してみなよ
えっと…
指値を選んで…
値段を入れて…
「注文」と
このボタンで注文が確定されます。
注文

これで注文完了だよ
あっ!

960円の所にボクが注文した100株が追加されて1000株に変わった!
ボクの注文が10人目として受け付けられたんだ!
おもしろ〜い!!
売数量
値段
買数量
1500
20000
1400
800
500
1040
1030
1010
1000
990
980
970
960
940
200
1500
1000

いやいや、10人目かどうかは分からないんだ。ひとりで500株注文した人もいるだろうし
へー そうなんだ
注文の株数は分かるけど注文した人の数は分からないんだよ
さっきから気になっていたんだけど…
1030円のところの2万という数字がヤケに目立つよね
おっ！いいところに気がついたね！
これは1030円になったら売りたい株が2万株あるということなんだ
0000 ○×銀行 東証1部
売数量 値段 買数量
1500 1040
20000 1030
1400 1020
1000 1010
1300 1000
980 200
970 1500
960 1000
他よりも10倍以上の売り株がある。ということは株価が1030円を超えるのはシンドイのでは…って判断できるよね

例えば、こんな板はどう思う？
銘柄 0000 市場 東証
0000 ○×銀行 東証1部
売数量 値段 買数量
500 550
700 540
400 530
1000 520
510
490
480 15000
470 15000
460 1000
450 20000
う〜ん、売りは少ないのに買いは15000もあるケタ違いの買いパワーなんじゃないの？
買いパワーが強力!!
そうだね買い数量が圧倒的に多いときは
株価が下がりにくそうという想像ができるよね
板には「いくらで買いたい」「いくらで売りたい」といった人の心理が表れるんだ
参考にするといいよ。
オッケ〜!

板の上手な使い方

常に見続けられるわけではないが、板が表す意味をきちんと把握する

板は注文状況がリアルタイムで把握できる便利な指標だと言えます。しかし、サラリーマンのように日中の動きを確認することができない人にとっては、リアルタイムでチェックするのは難しいでしょう。

私も昼休みの合間に、今持っている株を今日中に売ろうかどうか考えるときの判断材料として使っている程度であります。

板は普段、売り数量と買い数量がほぼ同じで、バランスの取れた状態の時が多いです。しかし何らかの要因でどちらか一方の力が強くなると、売り数量と買い数量のバランスが崩れ、値が動き出します。

そして板には注意すべき点があります。それは「見せ板」といって、買う気もないのに大量の買い注文を出して、株価下落の勢いを食い止めるといった行為を行う人がいます。このような行為は法律で禁止されているのですが、取り締まるのは困難であ

り、頻繁に行われているのも事実です。そして我々素人では、それぞれの注文の真偽を判断するのは不可能です。

したがって板を見るときはその数量だけを見て判断するのではなく、ローソク足やボリンジャーバンドといったチャートを併せて確認して、売買の判断をするのが賢明です。

綱引きも力（や人数）が均衡している時は、バランスが取れています。

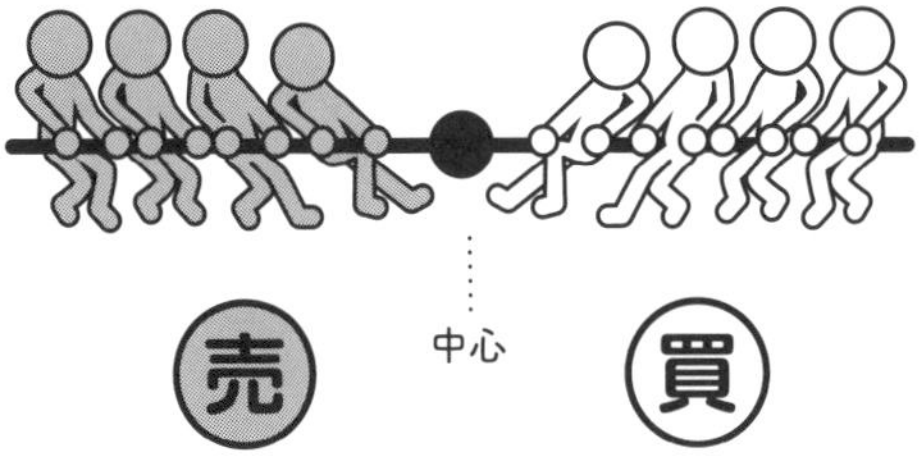

（しかし、いったん両者の間に力に差が生じると……）

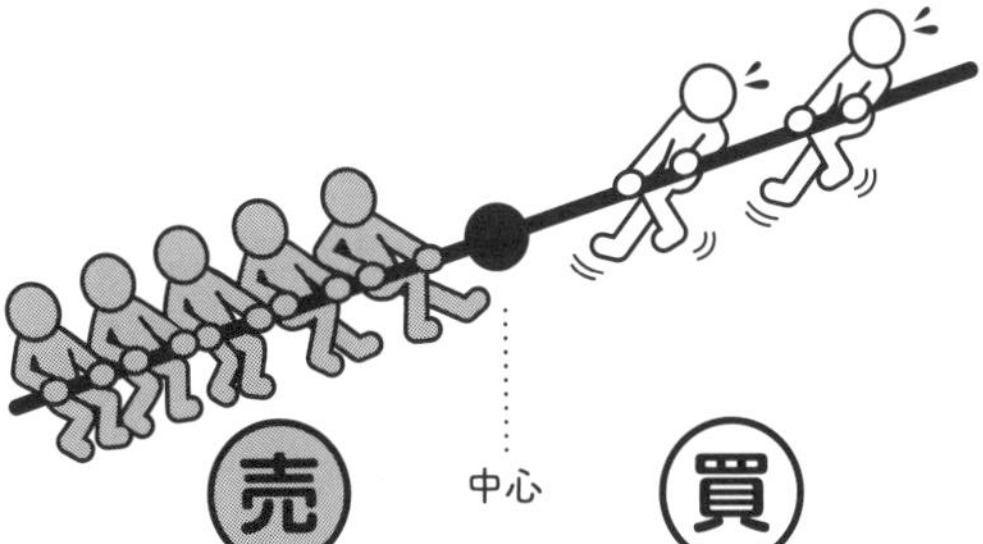

バランスは崩れてしまい、一定方向に動いていきます。株の売買にもこれと同じようなことが起こります。

焦ってはダメ！

飛鳥の部屋
あ～っ
上がってる！
A商事チャート
今ここ
この前見た時
B開発チャート
今ここ
この前見た時
こっちも上がってる！
どわ～っ！
これもか～!!
C物産チャート
今ここ
この前見た時

大河の部屋
今ここ
D通信チャート この前見た時
なんで上がってるの〜!?
これも上がってる!
E信販チャート
今ここ
この前見た時
Fスポーツ店チャート
今ここ
この前見た時
買ってない株にかぎって上がってるよ
オレが見てた株どれも上がってるよ…
ゲッソリ〜
こっちも見てくれよ…
ボクもだよ…なんで買わなかったんだ〜

2人とも
なに騒いでるんだい？
あ！
父さん
これ
見てよ
チェックしてた
株が
軒並み
上がってて
どれどれ
あーホントだ
どれもすごく
上がったんだな
今からでも
遅くないから
買おうかな
まだまだ
上がる感じが
するよね
おいおい
そんなに焦らなくても
いいんじゃないの？

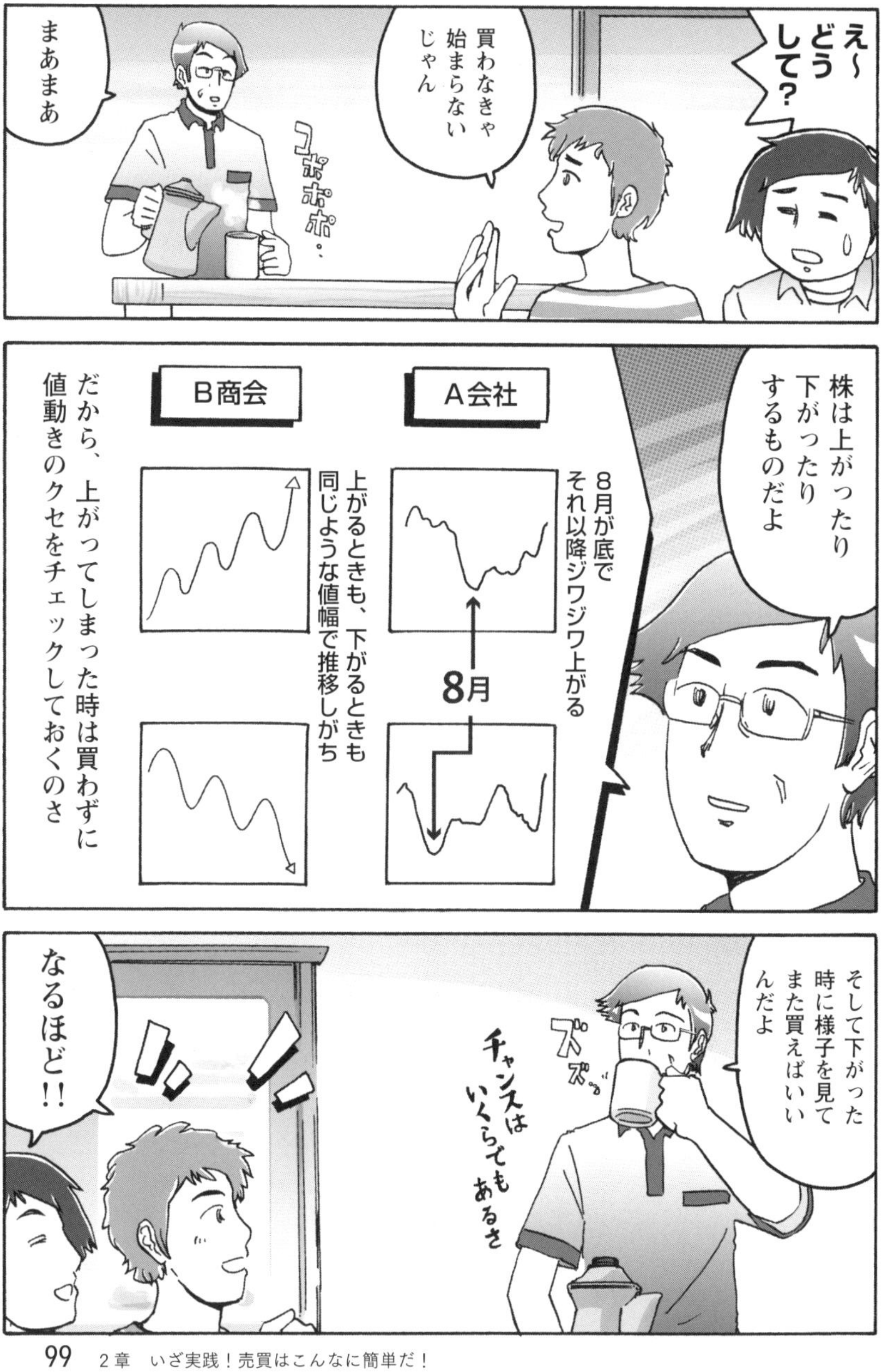

え〜どうして？
買わなきゃ始まらないじゃん
コポポポ‥
まあまあ
株は上がったり下がったりするものだよ
A会社
8月が底で
それ以降ジワジワ上がる
8月
B商会
上がるときも、下がるときも
同じような値幅で推移しがち
だから、上がってしまった時は買わずに値動きのクセをチェックしておくのさ
そして下がった時に様子を見てまた買えばいいんだよ
ズズ…
チャンスはいくらでもあるさ
なるほど!!

冷静になることの大切さ

株は永遠に上がり続けることも、下がり続けることもありません

チャートの見方がわかってきて慣れてくると、今すぐにでもとりあえず何でもいいから株を買いたくなる「株買いたい病」に陥るケースがあります。その気持ちはわからないでもないですが、冷静な気持ちでいることも大事です。

株価は、上がり続けたり、下がり続けたりというような一方向の向きが永遠に続くものではありません。必ず上がったり下がったりを繰り返すものです。

高いところで買ってしまうと、損切りの確率も高くなるものです。ですので大きく値を上げた時に、これ以上乗り遅れてはいけないと焦って買うよりも、一旦買うのをガマンする方が賢明です。様々な株価がどんどん上がっていくと、「買わない不安」といって株を持っていないと流れに取り残されていくように感じるものですが、「休むも相場」「株の利益はガマン料」と言われているように、売買に適したタイミングが来るまでじっと待つのも大切なのです。

第3章

儲かる株の選び方

当たり前ですが、100%絶対に儲かる株などというものはありません。しかし、儲かる可能性の高い株の選び方は、たしかにあるのです。

メールマガジンしか見てない

儲かる株はどんなものかを紹介する章の冒頭で、大変申し訳ないのですが100％儲かる株はありません。株式投資でうまくいくためには、「いま注目されていて、かつ、チャートの形状が良い会社の株」を選んで買うのみです。

そして買った後は、もし下がった時に損失が大きくならないように、損切りの設定を忘れずにしておくのです。これを繰り返していくことが株式投資で長期間にわたり儲けていく秘訣です。特別なことは何もありません。

私自身も証券会社の偉い人とパイプがあるわけでもありませんし、何か特別な投資グループの会員になっているわけでもありません。そんな私でも、長きにわたり利益をあげることができます。

新たに買う銘柄については、以前は新聞や雑誌のおすすめ銘柄を参考にしていましたが、最近ではネットのメールマガジンを参考にしています。その中でも私が特に参考にしているのは、マエストロの「デイリーコメント」と、「キッチンカブー」です。

送られてくるメールマガジンの中で「注目の銘柄」がいくつか挙げられており、「〇〇証券は〇〇円まで上がることを目標としている」「ここから反転するだろうから、〇円まで上がる可能性がある」という情報をもとにチャートを見ます。

そして儲かりそうな銘柄だと思ったら、

「今はこの金額なんだ。ならば、このあたりの金額で買おう」

という目安にしています。

そして約定したあと、「メルマガでは目標値として〇〇円まで上がると言っていたが、様子を見てそれよりも低い〇〇円あたりで一度手じまえればいいや」というように売買の参考にしています。

このようなメールマガジンは数多くあり、中には仕手系（意図的に銘柄を紹介して煽って、サイト運営者が上がったところで売り抜ける）のサイトもあるかもしれません。ただ、情報が的確でないサイトは、見る人も自然と減って淘汰されるものです。

個人投資家レベルでいろいろ深く考えるよりも、自分が「合うな」と思ったサイトを見つけたら、しばらくは付き合ってみるのがいいでしょう。

そのサイトで紹介している銘柄の中で、自分がピンときたものを選べばよいと思います。

このような情報サイトは、常に買いを推奨する強気であるものと、慎重なものとがあります。私はその両方を見てバランスよく判断しています。どちらかというと、キッチンカブーは強気で、マエストロは慎重と私は捉えています。

メールマガジンで紹介されていた銘柄は、証券会社のアプリまたは株取引サイトのお気に入りに登録しておきます。そして時間がある時にチャートを確認します。

それを続けていくと、「この銘柄は言われたほど勢いがないな」とか、「ローソク足

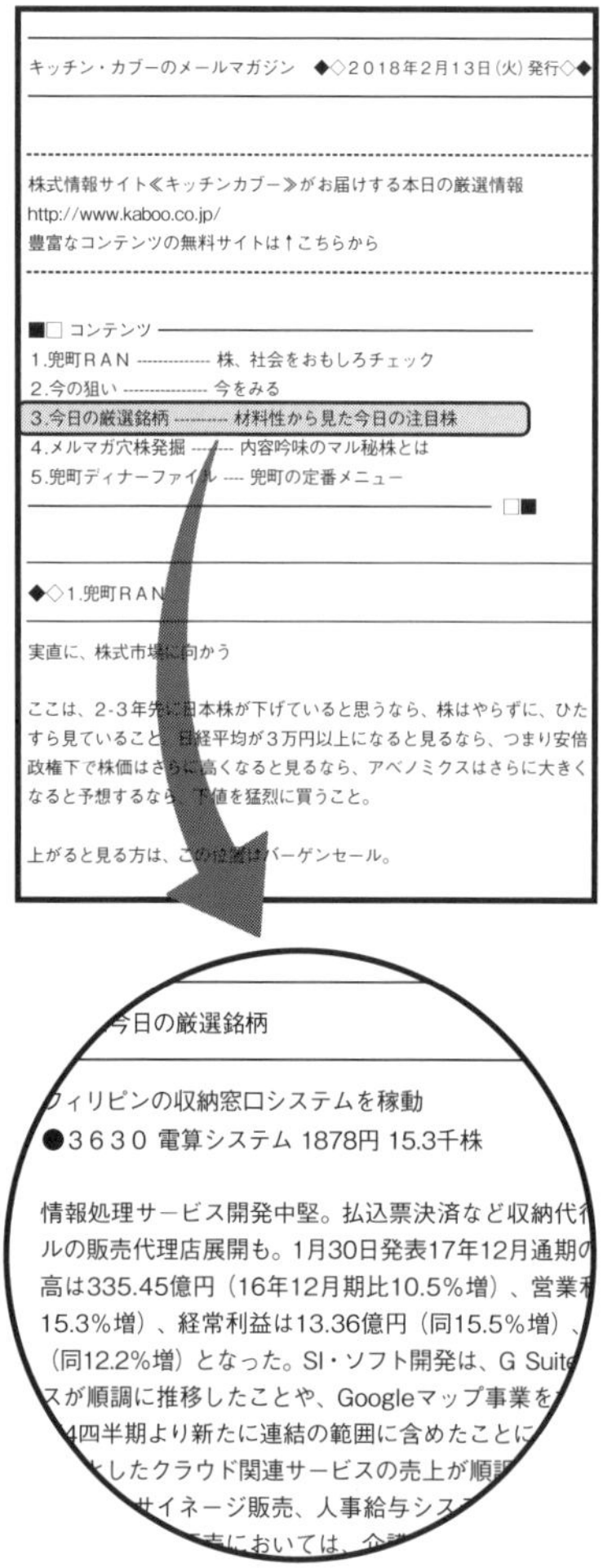
キッチン・カブーのメールマガジン　◆◇2018年2月13日(火)発行◇◆

株式情報サイト《キッチンカブー》がお届けする本日の厳選情報
http://www.kaboo.co.jp/
豊富なコンテンツの無料サイトは↑こちらから

■□ コンテンツ
1.兜町RAN ------------- 株、社会をおもしろチェック
2.今の狙い --------------- 今をみる
3.今日の厳選銘柄 --------- 材料性から見た今日の注目株
4.メルマガ穴株発掘 -------- 内容吟味のマル秘株とは
5.兜町ディナーファイル ---- 兜町の定番メニュー
□■

◆◇1.兜町RAN

実直に、株式市場に向かう

ここは、2-3年先に日本株が下げていると思うなら、株はやらずに、ひたすら見ていること。日経平均が3万円以上になると見るなら、つまり安倍政権下で株価はさらに高くなると見るなら、アベノミクスはさらに大きくなると予想するなら、下値を猛烈に買うこと。

上がると見る方は、この位置はバーゲンセール。

今日の厳選銘柄

ィリピンの収納窓口システムを稼動
●3630 電算システム 1878円 15.3千株

情報処理サービス開発中堅。払込票決済など収納代
ルの販売代理店展開も。1月30日発表17年12月通期の
高は335.45億円（16年12月期比10.5%増）、営業
15.3%増）、経常利益は13.36億円（同15.5%増）、
（同12.2%増）となった。SI・ソフト開発は、G Suite
スが順調に推移したことや、Googleマップ事業を
4四半期より新たに連結の範囲に含めたことに
したクラウド関連サービスの売上が順
サイネージ販売、人事給与シス

「キッチンカブーのメールマガジン」
http://www.mag 2 .com/m/0000076315.html

が伸びてきているぞ」というように、変化が見えてきます。

そして気になる銘柄が出てきたら、その銘柄を今度はじっくりとローソク足の形状や、ボリンジャーバンドなどを見て、本当に買うかどうかを決めます。

ひとつのメールマガジンで紹介される銘柄は複数あります。多い時には1日に30以上紹介してくることもあります。その銘柄をどんどん登録していくと、登録数ばかり増えてしまい、収拾がつかなくなってしまいます。ですので動きがない銘柄や、興味が湧かない銘柄は、どんどん削除してしまいましょう。

私の場合、登録銘柄の数は70は超えないようにしています。チャートを見ていて、「あれ？　これは何をしている会社だっけ？」などと思い出せないときは、「縁がなかった」と、すぐに消しています。

メールマガジンで紹介された銘柄を、ひとつひとつじっくりチャートを見て検証するといったことを考える人もいるでしょう。既に退職をされて時間がたっぷりある人などはそれでもいいですが、多くの人は日々の仕事に追われて、そんな時間はないのではないでしょうか。

なので私は最初から全ての銘柄を把握しようとは思っていませんし、把握しても意味がないと思っています。

興味があるか、興味ないか、動きがあるか、動きがないか……。

こういった単純なことで、その銘柄を追っていくかどうかを決める——それで問題ありません。

ひとつの銘柄について、今回追わなかったからといって、今後一切追うことはないということでもありません。「値動きと自分のフィーリングが、今回は合わなかった」ということだけです。

このようなメールマガジンで紹介されているおすすめ株の多くは、マザーズやジャスダックに公開している比較的小型の株で、かつ、いま注目されている株です。基本的には1カ月は持たない、短期決戦投資に限った株です。買った後に上手く値が上がれば、次の日に売ったりすることもあります。

メールマガジンの有料会員になれば、情報をいち早く手にすることが可能ですから、情報への投資をしてもいいと思います。メールマガジンで紹介された銘柄は人目をひく（良くも悪くも注目される）銘柄になるということです。

長く持つ株には特徴がある

今回息子たちに教えた株取引は、主に短期（2カ月以内）で持つ株を用いてのものでした。その理由は、50万円という少ない資金は長期投資には向いていませんし、小型株の方が値動きが激しいので、儲かっても損しても初心者にはインパクトがあり、株価が動くことを実感してもらえるだろうという考えがあったからです。

私自身が株取引をする際は、もちろん短期で持つことを前提にした銘柄が多いですが、長期（半年以上）保有を目的とした銘柄も購入しています。ここではその長期で持つ株の選び方について触れておきます。

私の場合、長期で持つ株は、倒産がほぼ考えられない大型株を選びます。大型株の値動きは非常に鈍重なものが多いです。例えばみずほフィナンシャルグループ（8411）は2017年の高値は220円で、安値は185円と、1年間で35円しか値動きしていません。

このようになかなか株価が変動しないことがあるのが大型株の特徴です。

でもそれだけ安定しているということですので、倒産のリスクは少ないということなのです。しかし、投資＝お金を殖やすことが目的ですので、私は株価以外のメリットがある銘柄を選ぶようにしています。

それは倒産をしなさそうで、かつ、配当金が多い銘柄を選ぶということです。

その条件に合致する銘柄として最近の私のお気に入りは、「あおぞら銀行」です。

倒産のリスクが少ないというのは実は大切なことで、投資歴が長い私は、過去に倒産で持っていた株が紙切れ状態になってしまったことが幾度かあります。

株を持っている会社の倒産を経験したことがない人にとっては、今ひとつピンと来ないかもしれませんが、航空会社のスカイマーク（９２０４）のように、民事再生法適用の申請が発表された２０１５年1月28日まではいたって普通のチャート形状で株価も３００円台の間で推移していましたが、発表後は一気に株価が10分の1まで下落し、その後半月で株価は10円台にまで下落しました（上場廃止日は3月1日）。

このように、倒産の予兆は素人ではつかみにくいものですので、やはり倒産のリスクが少ない株を選んだほうが賢明です。

倒産のリスクが少ない銘柄というのは、いわば安定銘柄なので、大きく値が動くこ

とはたまにしかありません。1年近く持っていて、利益が数万円出たら売り、そしてまた下がってきたら買う…の繰り返しです。

したがって、売買の利益だけではあまり儲からないので、配当金が多い銘柄を選びます。年に2～4回もらえる配当金は、毎日の株価チェックとはまた違った楽しみとなるでしょう。

配当金の多い銘柄は次のページを参考にしてください。

ただし配当金ランキングが良いからといって選んでも、本業の業績が悪い銘柄だと長期投資としては危ないと思います。証券会社が提供している会社の業績情報等を見て、昨年の業績と今年と来年の業績予想の3年間の数字が増加する会社がベターです。

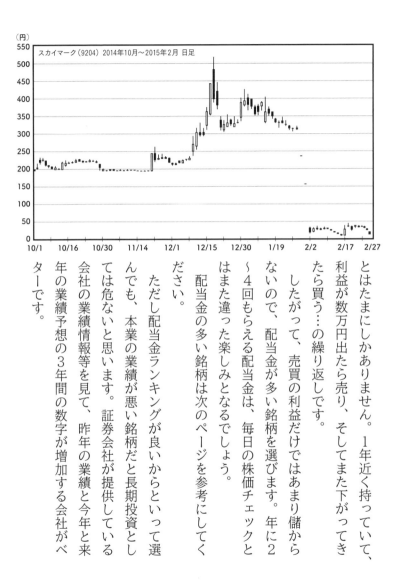

配当金利回りランキングベスト50

※データは2018年2月8日現在のものです

順位	コード	市場	名称	決算期	配当	利回り
1	3528	東2	プロスペクト	2018／3	4	6.56%
2	8186	JQS	大塚家具	2017／12	40	5.48%
3	4918	JQS	アイビー化粧品	2018／3	250	4.94%
4	2408	JQS	ＫＧ情報	2018／12	34	4.91%
5	2914	東1	ＪＴ	2018／12	150	4.63%
6	8985	東証	ジャパン・ホテル・リート投資法人	2017／12	3680	4.63%
7	7201	東1	日産自動車	2018／3	53	4.56%
8	8996	福Q	ハウスフリーダム	2017／12	20	4.47%
9	2411	JQS	ゲンダイエージェンシー	2018／3	25	4.46%
10	2428	東1	ウェルネット	2018／6	50	4.40%
11	2767	東1	フィールズ	2018／3	50	4.31%
12	8628	東1	松井証券	2018／3	44	4.28%
13	1407	JQS	ウエストホールディングス	2018／8	30	4.25%
14	3948	JQS	光ビジネスフォーム	2017／12	23	4.25%
15	3548	東1	バロックジャパンリミテッド	2018／1	38	4.19%
16	4840	JQG	トライアイズ	2017／12	15	4.16%
17	6417	東1	ＳＡＮＫＹＯ	2018／3	150	4.16%
18	8887	JQS	リベレステ	2018／5	40	4.15%
19	8304	東1	あおぞら銀行	2018／3	184	4.14%
20	9761	東2	東海リース	2018／3	90	4.09%
21	7603	JQS	マックハウス	2018／2	40	4.08%
22	7863	JQS	平賀	2018／3	20	4.06%
23	2763	JQS	エフティグループ	2018／3	40	4.05%
24	4705	JQS	クリップコーポレーション	2018／3	40	4.05%
25	6257	JQS	藤商事	2018／3	50	4.05%

順位	コード	市場	名称	決算期	配当	利回り
26	7523	JQS	アールビバン	2018／3	30	4.02%
27	6986	東1	双葉電子工業	2018／3	88	4.01%
28	8219	東1	青山商事	2018／3	170	4.00%
29	8854	東2	日住サービス	2017／12	100	4.00%
30	8511	東1	日本証券金融	2018／3	26	3.99%
31	5410	東1	合同製鐵	2018／3	80	3.98%
32	1928	東1	積水ハウス	2018／1	75	3.97%
33	3286	マザ	トラストホールディングス	2018／6	16	3.95%
34	7837	JQS	アールシーコア	2018／3	48	3.94%
35	1873	東1	日本ハウスホールディングス	2018／10	25	3.91%
36	6178	東1	日本郵政	2018／3	50	3.89%
37	7270	東1	SUBARU	2018／3	144	3.87%
38	9696	JQS	ウィザス	2018／3	16	3.86%
39	7991	東2	マミヤ・オーピー	2018／3	50	3.84%
40	3242	JQS	アーバネットコーポレーション	2018／6	13	3.83%
41	8139	東2	ナガホリ	2018／3	10	3.83%
42	6763	東1	帝国通信工業	2018／3	50	3.79%
43	8903	JQS	サンウッド	2018／3	25	3.79%
44	5990	JQS	スーパーツール	2018／3	18	3.75%
45	7823	東1	アートネイチャー	2018／3	28	3.75%
46	8140	東1	リョーサン	2018／3	150	3.75%
47	8411	東1	みずほフィナンシャルグループ	2018／3	8	3.73%
48	9376	JQS	ユーラシア旅行社	2018／9	22	3.73%
49	9412	東1	スカパーJSATホールディングス	2018／3	18	3.72%
50	9437	東1	NTTドコモ	2018／3	100	3.71%

息子と選んだサイバーダイン

HALの製造・国内販売を承認した。サイバーダインは、筑波大学ロボット工学を専攻している教授が設立したベンチャー企業で、ロボットスーツは人の身体機能を拡張するものである。
既にドイツで
既にドイツでは多くの病院でリハビリなどで活用されているが日本ではまだ適用を受けていない
なーんだ まだ日本では認められていない会社ってこと？
……
……
……
何かダメそうだね 他の株を探そうか
いや これはすごい

もし保険適用
されたら
すごいぞ
これは
えっ
そうなの？
飛鳥は
おじいちゃんの介護で
おばあちゃんが苦労しているの
知ってるだろ。
ベッドから起き上がらせたり
トイレまで
連れて行ったり…
そうそう
おばあちゃん
すごく大変
そうだよ
親戚のすみれおばさんも
入浴させてる時に
あっ
痛い！
ギクッ!!
ギックリ腰になったと
言っていたよね

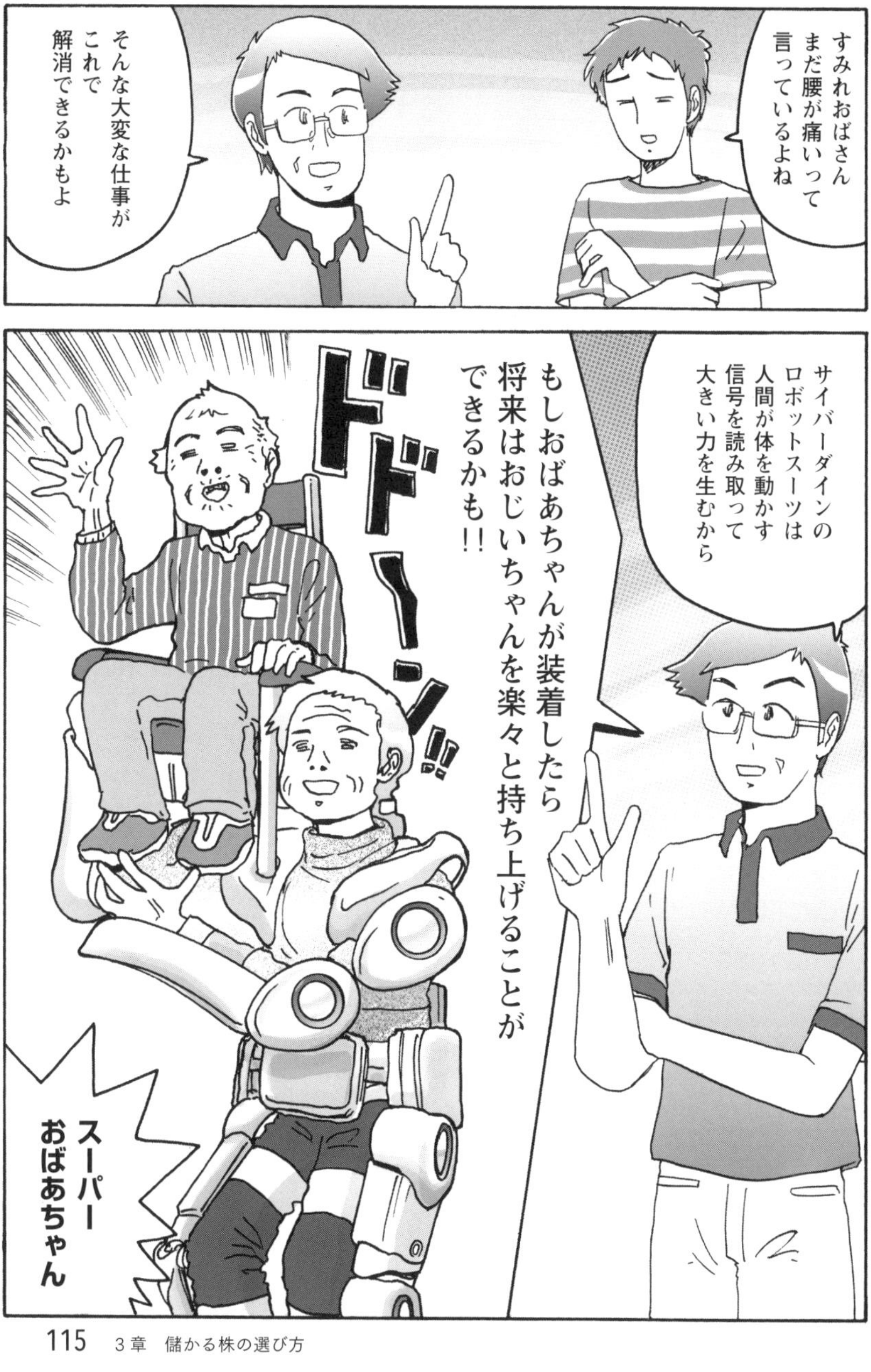
すみれおばさん まだ腰が痛いって 言っているよね
そんな大変な仕事が これで 解消できるかもよ
サイバーダインの ロボットスーツは 人間が体を動かす 信号を読み取って 大きい力を生むから
もしおばあちゃんが装着したら 将来はおじいちゃんを楽々と持ち上げることが できるかも!!
ドドーン!!
スーパー おばあちゃん

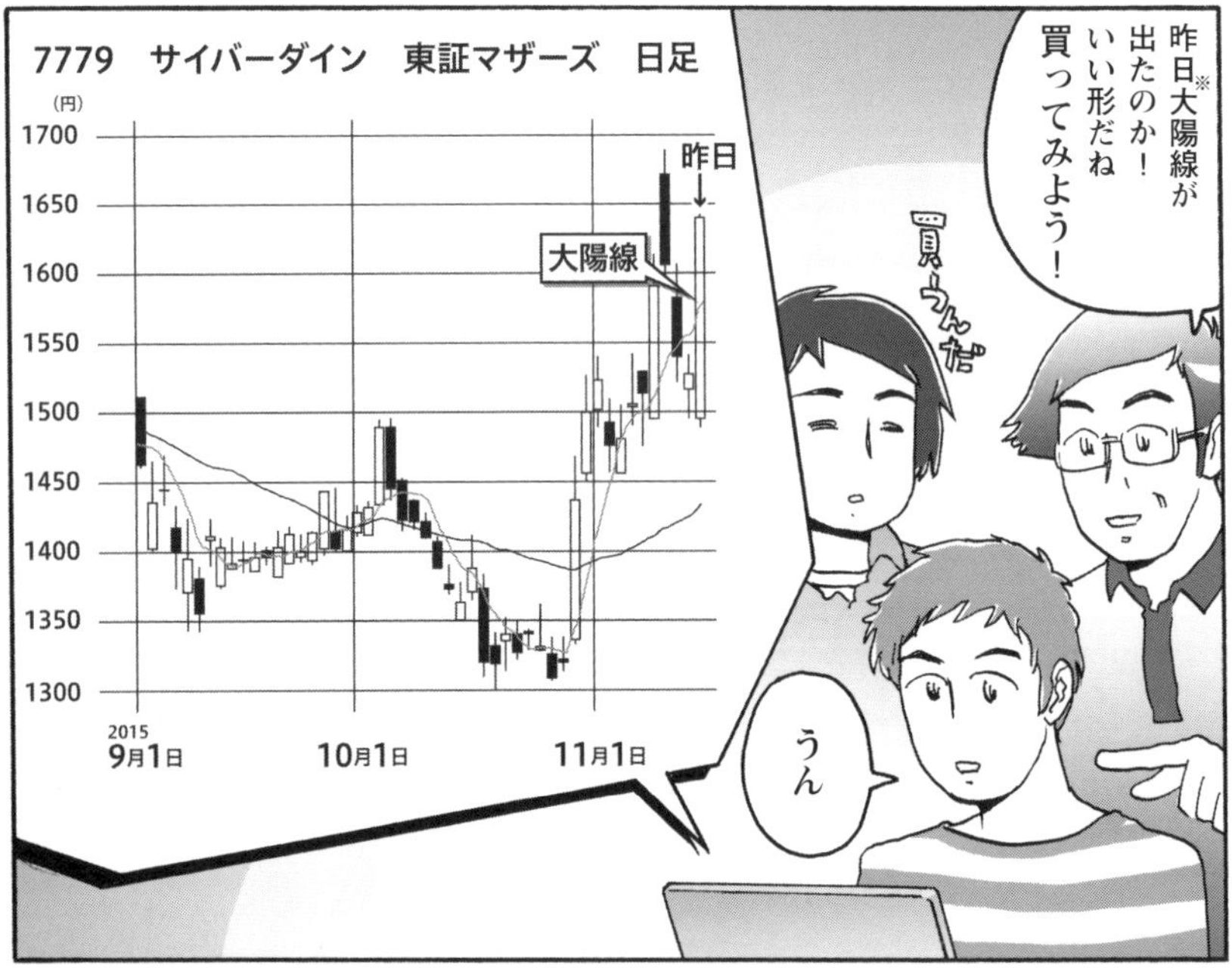

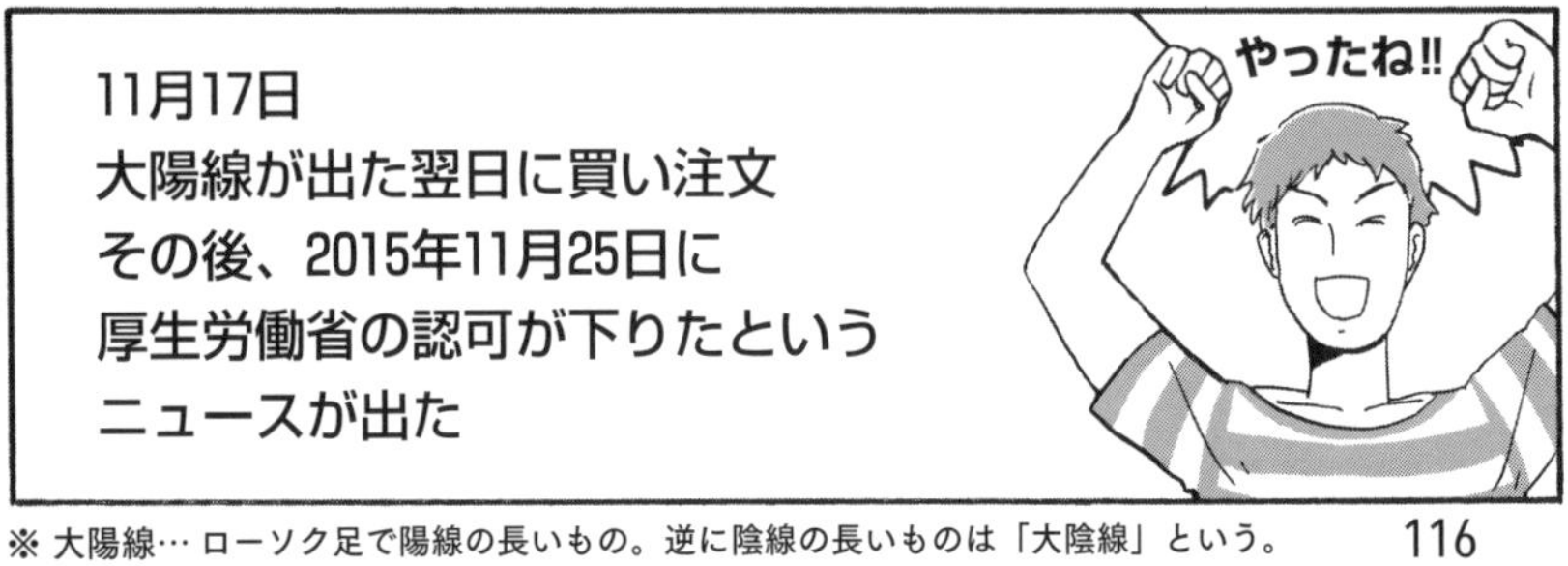

※ 大陽線… ローソク足で陽線の長いもの。逆に陰線の長いものは「大陰線」という。

おー認可された！
そのせいか
上がってるね！
もっと
上がっていくかもよ

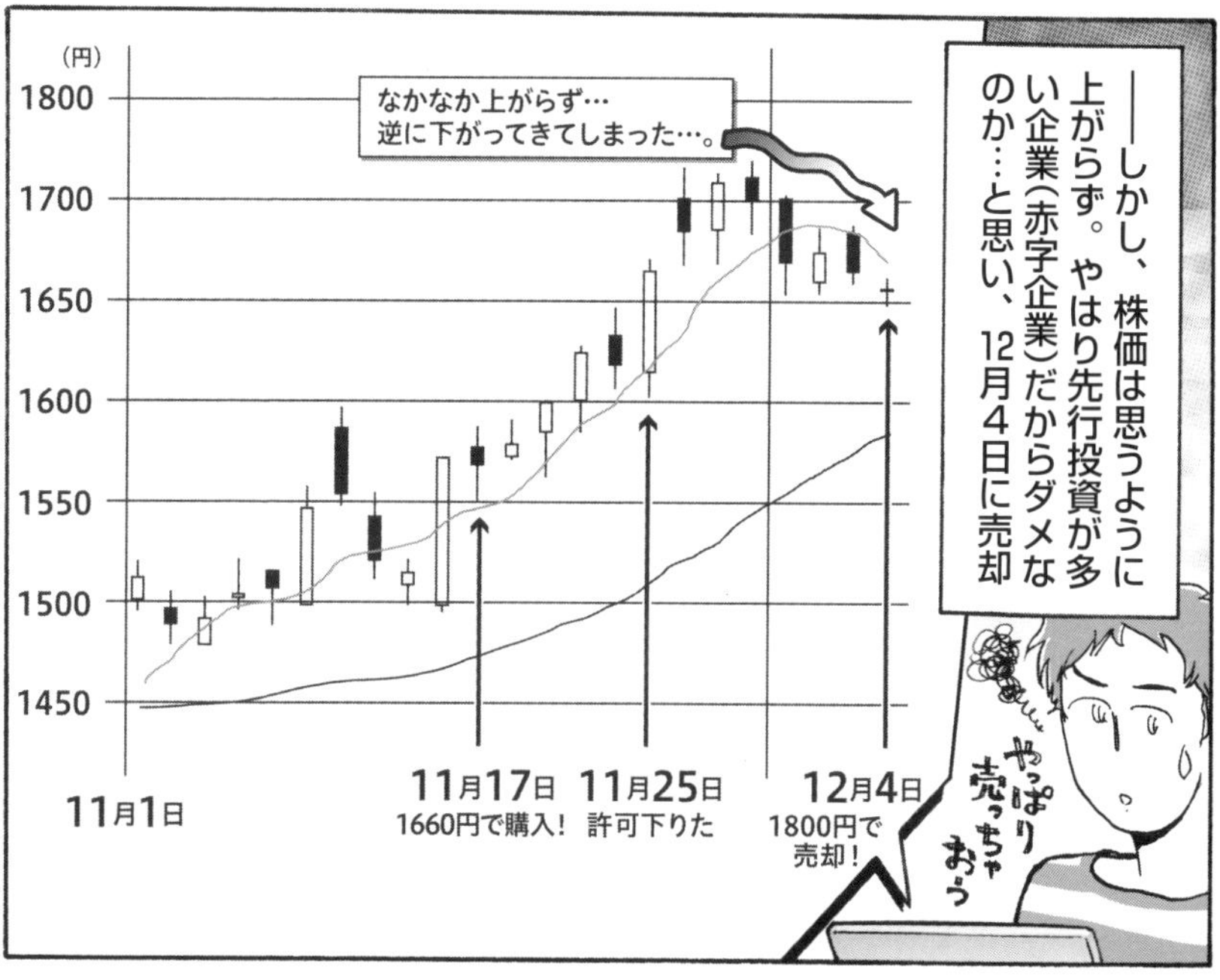
――しかし、株価は思うように上がらず。やはり先行投資が多い企業（赤字企業）だからダメなのか…と思い、12月4日に売却
(円)
1800
1700
1650
1600
1550
1500
1450
なかなか上がらず…
逆に下がってきてしまった…。
11月1日
11月17日
1660円で購入！
11月25日
許可下りた
12月4日
1800円で
売却！
やっぱり売っちゃおう

14000円は儲かったが
その後……

7779 サイバーダイン 東証マザーズ 日足
(円)
2200
2100
2000
1900
1800
1700
1600
1500
1400
その後、じわじわと上昇…
購入！
売却！
急上昇！
3月11日
2100円超！
2015
11月1日
12月1日
2016
1月1日
2月1日
3月1日

株価はじわじわと上昇。
さらに、2016年３月11日には米国ナスダックへの上場を
検討しているとの報道が流れ、急上昇することになった。
えーっ！
あの時
売らなかったら
4万4千円も
儲かったのに〜
しょうが
ないだろ

良いニュースが出ると
株価が上がり
それに釣られて
みんな買い出す
コポポポポ
するとどんどん
上がっていく
その典型例だね
なんであの時
売っちゃっ
たんだー
まあまあ
たしかに今考えれば
もったいなかったかも
しれないけど、いいんだよ
うん
うまい
株が上がるか
下がるかは誰にも
分からない
キリがいいところで
利益確定も大切なんだよ
でもでも
損していないのに
何か損した気分だ…
みんなの熱が冷めて
安くなったら
また買えばいい
サク
いつも追いかけている
銘柄を作ることは
「打出の小槌」を持った
ことになるんだよ
へー
「打出の小槌」
かぁ
!!
そうかっ
だったらこれからも
サイバーダイン
追いかけてみるよ

ＴＶのニュースは参考になるか？

金利を引き上げるってことは…
つまり市場に出るお金の量が減るってことだから…
市場 お金の量
市場 お金の量
こういう時は…
ねえ父さん
なんだい？
これってアメリカへの投資が落ち着くってこと？
だよね？
ふむふむ
ということは…つまり
投資家たちがより活発な市場を求めて、日本や中国に資金を移動するってこと？
投資家
中国市場
日本市場

そういう考え方もあるね
やったあ!!
でも金利の引き上げが発表されると同時に日本の株価が大きく上がるとも言えないんだ
え、なんで?
こういうニュースは実は随分前から報道されることが多く
利上げがそろそろ行われそうです
投資家
少し移すか
投資家
買おう
じわじわと売買されることで、実際に利上げが決まった時はもう織り込み済みになっていることが多いんだ
ニュースを知る＝(イコール)すぐに儲かるとはならないけど
お金の流れが分かるのである程度は知っておいた方がいいね
そうなんだ

金利関連のニュースが出た時は、銀行株の動きをチェックだ！
板はどうなってる？
あ、パソコンいるね
取ってくるよ
これは…
買いが多いよ
銀行はドル建て資産のウェイトも大きいから
利上げされるとその分資産も増えるという考えから上がっているのかな？
やっぱ買い時かなぁ
ケンケンガクガク
……
まったく会話についていけないわ
ちょっと前まで共通の話題もなかったのに株を始めてからずいぶんと変わったわね～

テレビ・新聞の株式ニュースの必要性

株の情報源は、昔はテレビ、新聞、雑誌といった報道媒体が主流でしたが、いまはネットやSNSに代わり、情報の伝わりがものすごく早くなりました。その結果、報道がそのままダイレクトに株価に影響することは少なくなりましたので、TVや新聞のニュースを知らなくても株の売買は十分できると言えます。

しかし、株価上昇や下落の要因は何だったのかを知っておくと、今後株式投資を続けていく上での判断材料にはなるので、ニュースはチェックしておいた方がいいでしょう。

あと、妻が一番びっくりしていたのは、息子たちが株をやるようになってから、ニュースをしっかり見て、それについての自分の意見を言えるようになったことです。社会人としての知識を付ける上でも役立っているのではないかと感心していました。自分たちのアルバイト先が今儲かっているのかとか、店舗が増えている理由がわかったりと、世の中の動きを株式投資から学んでいるようです。

「なくなってもいいお金」なんて、あるわけない！

少し投資をかじっている知人が「投資は、なくなってもいいお金でやらないとな」なんて話すことがあります。

けれど、なくなってもいいお金なんて、あるのでしょうか？　少なくとも私にはありません。

投資をすると、損失を出してお金を減らしてしまうことは必ず起こります。損がたとえ1万円に満たない金額だとしても、損するとイヤな気持ちになります。そして時には1日で数十万円の損をすることだってあり、正直、凹むときもあります。

それでも株自体がイヤにならず、30年も続けていられるのはどうしてでしょうか。

その理由は、使い道の決まっているお金で投資していないので、たとえ大きな損をしても日常生活に影響を及ぼすことはないからです。

教育資金や住宅ローンなど、使い道が決まっているお金を元にして投資をすると、もし損を出した時、「いつまでに取り戻さなければならない…」などと焦りが生じて、その後の投資が平常心でいられなくなります。このような負のスパイラルに陥ると、損失から脱却することは大変困難です。

株式投資を長く続けるためには、平常心でいられることが大切です。ですので、投資は使い道が決まっていないお金で行うべきだと思います。

ただし、使い道が決まっていないお金＝なくなってもいいお金、ではないです。「なくなってもいいや」と思っていては、絶対に儲からないと思います。

そのような気持ちですと、仮に損をした時に「なぜ損をしたのか」といった検証をしなくなるからです。「損して悔しい」「次は損しないようにしよう」という気持ちが大切なのです。

使い道の決まっているお金は使わないのと同じように、「借金したお金」も使ってはいけないと思います。

株式投資を長くやっていますと、気分がノリノリになり、株式予想もガンガン当たり、「俺ってすごい！」と思えるときがあるかもしれません。そういうときに他の株を購入したりの事情で手持ちの資金が足りないと、このチャンスをさらにものにしたくなり、借金をしてでも投資を拡大させたいと思うものです。私も銀行ローンを組んででも大きく勝負したいと考えたことがあります。もしかしたら大金持ちになるチャンスになったかもしれませんが、できませんでした。それは私がサラリーマンだからです。銀行ローンで手にした資金を使っていたら、上がっても、下がっても平常心でいることは無理です。株は平常心を失ったときが一番怖いのです。

私の知人に自宅で仕事をしている男性がおり、私の株式投資の話に興味を持ち、やり方を教えてほしいと言われて教えたことがあります。

その知人は、数年かけて貯めた100万円をもとにして数銘柄を買ったのですが、毎日の値動きだけでは飽き足らず、5分足を見始めたのです。

5分で1万円儲かった、5分で数千円損したと一喜一憂しているうちに、まったく仕事ができなくなり、生活に支障が出てしまいました。

株をやりたての頃にそうなる気持ちや行動は理解できますが、心のコントロールを身につけるように努力しましょう。心のコントロールを身につけるためにも、まずは放っておいてもいいと思える小額でかつ、使う予定のないお金、借金して作ったものでないお金から始めて、投資を〝楽しむ〟ことです。株式市場の動向にばかり気になって、本業に力が入らないなんて格好よくありません。

私は「瀬《せ》踏《ぶ》み」で買う

いくらチャートの形状が良くても、どんなに上がり基調でも、明日の株価がどうなるかは誰にもわかりません。私は株式投資をする時は常にビクビク、疑心暗鬼でやっています。たとえ自分で「よしっ！　これは儲かるぞ！」と思っても、まず最初は少ない金額から買い始めます。そして株価が自分の予想どおりの動きになってきたら、徐々に買い増しをしていきます。決して最初から一気に大量に購入することはしません。昔と違って今は売買手数料は非常に安くなっています。１００万円の株を買ったとしても、手数料が５００円もかからない証券会社もあります。なので私は「瀬踏み」、つまり少しずつ試しながら購入します。

一方で手仕舞い（＝売却）の時は、押し目で半分残すなどせずに、一気に成行で売ります。この理由は感覚の話になってしまいますが、もっと上がるかなぁと期待して長く持ち続けた際、上手くいった試しがないからです。株価は上がったり下がったりを繰り返すものです。下がった時に新たな気持ちで再び買う、その方が儲かるように思います。

また、私は売却で利益が出た株、損した株は一旦証券会社のホームページの「お気に入り」の登録から外して白紙に戻します。それは、売却で利益が出た株がそのあとさらに上昇したら気分がよくないですし、売却で損した株が反転すればそれも不快です。１１９ページのマンガで描いてあるように、気持ちをひきずる可能性があるからです。

ただし、これもマンガで紹介しているように、気に入った銘柄を持つことも大切ですから、一旦その株のチェックをしない期間を設けて、そのあと再登録してチェックを再開することもあります。

株式投資は、気持ちの切り替えが大切です。瀬踏みで少しずつ買って積み上げて、売却のときはスパッと行動し、その後は気持ちを切り替えることがポイントです。

大きく儲けようとする心がけ

株式投資をかじっている人の中には、「1日1万円儲かればいい」という考えを持つ人がいます。これは下がるのが怖いから、「少し儲かったら下がる前に売ってしまおう」という意識からくる考えだと思います。毎日儲かるのであればその考えも決して間違いではありませんが、株をやっていて損をしないということはありません。

そして、損をしてしまうときは1日に5万円、いや100万円と負けてしまうこともあるのが株式投資です。そうすると、「1日1万円儲かればいい」という意識でいたら、100万のマイナスを取り返すのに100日もかかります。さらにその100日の間にまた負けてしまえば、マイナス状態から一向に抜け出ることはできません。

ですので、「この局面ではもっと儲かりそうだな」とか、「完全にいまは流れに乗れている」と思った時は、さらに資金を投入して、大きく儲けるように行動に移すという意識が必要だと思います。

ただしその際も損切りの設定はしっかりと行っておくべきですし、一気に買うのではなく、前ページで記した「瀬踏み」で買うという慎重さは忘れないでください。

さらに資金を投入するときは、先にも述べたように借金はＮＧです。余裕資金で行うのが大前提です。

また、投資する銘柄を1社か2社に絞って投資する人もいますが、私はあまりおすすめしません。面倒でも複数の銘柄にするのがいいと思っています。それは確率的なことが理由で、分散した方が当たりやすいということと、利益も損失も大きくならない方が仕事の合間にやっているサラリーマン投資家にはちょうどよいからです。

株式投資を始めて様々な銘柄をチェックしていると、市場全体も上がってて、会社の業績がいいのに上がらない銘柄があったり、一方で経営状態が悪そうな会社の方がすごく上がったり、突然に株価が乱高下したりすることがあります。そんな時は日中仕事をしている方は対応ができません。ですから一単位が少額のものを複数持つ方が安心して投資ができると思っています。

また、複数に分散した方が、保有株のチェックをする時も楽しくなります。安心しながら、そして楽しみながら進めていく方が、長く株式投資と向き合うことができると私は思っています。

株を買い増す時の〝具体的方法〟

最初から大量に買うのではなく徐々に買う——。
買い増しする際の実例をご紹介します

A社の購入履歴

1回目　6月12日

前日に－3σに到達し、さらに下ヒゲが出たので購入

(買) **500円　1000株**

2回目　6月14日

前日に「包み線」が出て、まだ上がるチャートと思い、追加購入

(買) **580円　1000株**

3回目　6月21日

順調に値段が上がり、さらに窓も出現したので買い増し

(買) **610円　1000株**

A社のチャート

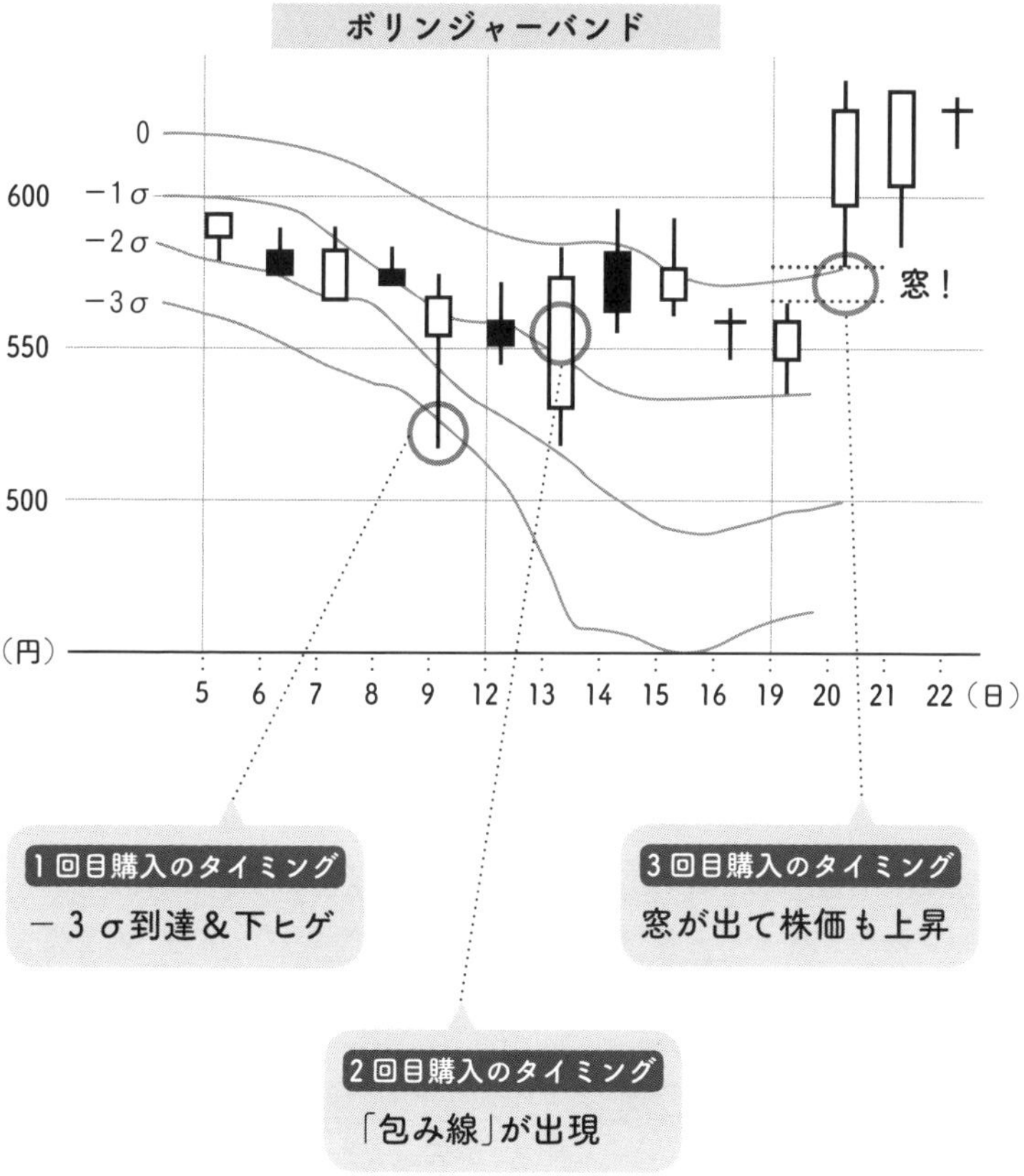
ボリンジャーバンド
0
−1σ
−2σ
−3σ
600
550
500
(円)
窓!
5
6
7
8
9
12
13
14
15
16
19
20
21
22(日)
1回目購入のタイミング
−3σ到達&下ヒゲ
3回目購入のタイミング
窓が出て株価も上昇
2回目購入のタイミング
「包み線」が出現

なぜ一気に購入しなかったのか？

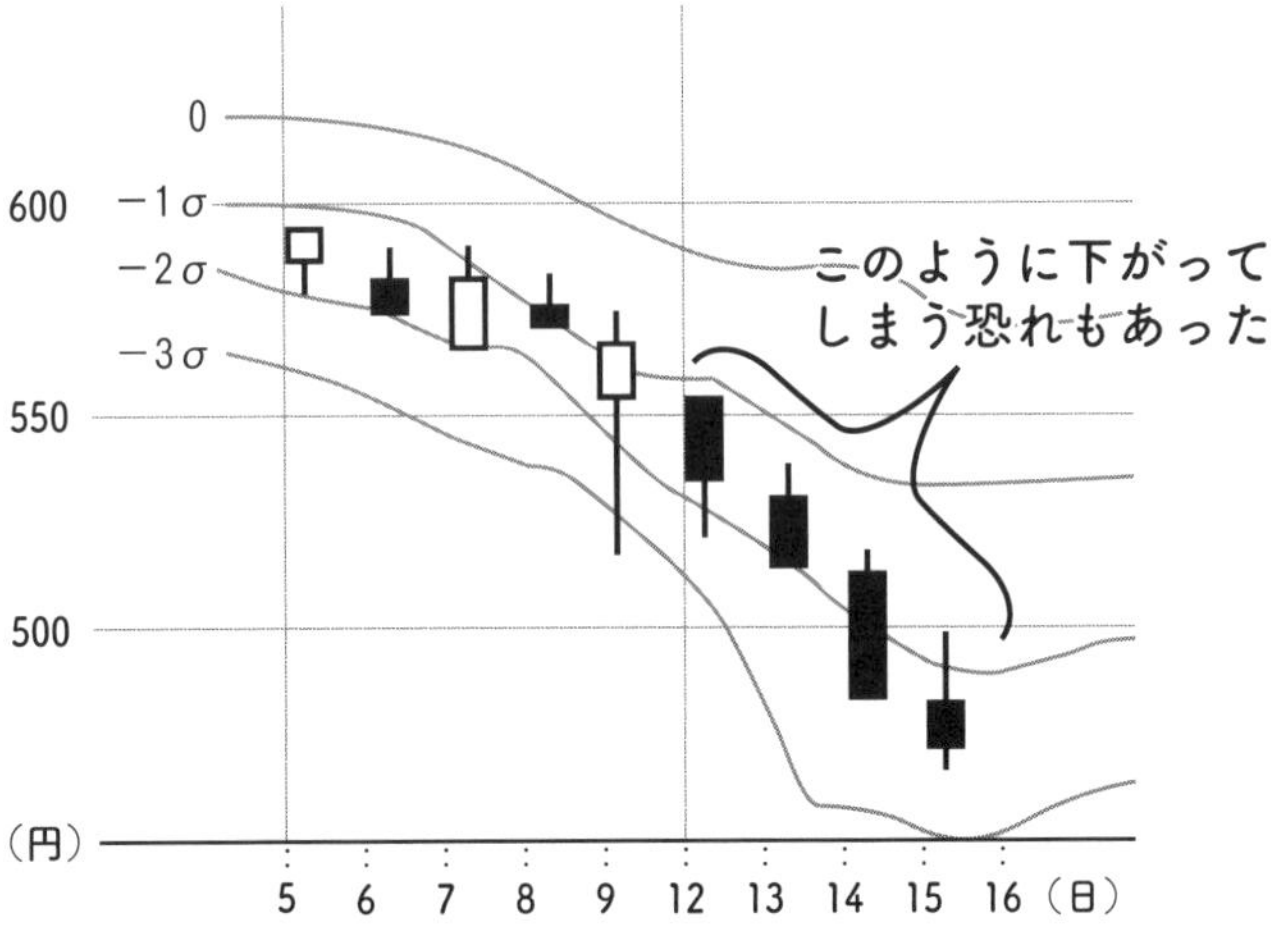

6月12日に買うことを決めたのは、9日の下ヒゲが長くチャート的に上昇する可能性を秘めた形状だったからである。しかし予想に反して上記のように株価が下落する恐れもゼロではない。チャートは今後の株価がどうなるかのひとつの目安にはなるが、確実なものではないので、やはり最初は慎重に、少額から購入した方がトータルでの損失を抑えることができる。

A社株の売買結果

買い			売り		
6月12日	550円	1000株			
6月14日	580円	1000株			
6月21日	610円	1000株	6月21日	630円	3000株
購入総額	174万	3000株	売却総額	189万	3000株

15万円の勝ち!

相場の格言

「頭と尻尾はくれてやれ」
「見切り千両」
「天井三日　底百日」

……などなど、江戸時代から言い伝えられている相場に関する心構えを説いた相場格言は数多くあります。

「頭と尻尾はくれてやれ」は、人は欲望があるので、もっと上がるんじゃないか、もっと安く買えるんじゃないか……と思うものだが、そんなに都合よく取引はできないということです。欲望のままに深追いすると失敗を招くという格言、まさに投資は心の持ち方で変わるものだなと改めて思います。この格言は某証券会社の支社長が私によく言っていた言葉です。私が利益が出ている株の売却で悩んでいると必ず言われたものです。株式投資は機械、ソフトまかせにやってはいますが、やはり人間の心理戦だと思っています。欲望と不安との闘いなのです。自分の心のコントロールのためにも、こういった格言はためになります。

このような格言の中で私が一番好きなのは、**「人の行く裏に道あり花の山」**です。多くの人が集まっているところを避けて他の道へ行くと、そこには綺麗な花がたくさん咲いている、という意味で、どちらかと言えば底値買いを求める逆張り志向な私には合っている格言と言えます。

この格言どおり、値段が下がっているときに勇気を出して買っていくのが株式投資です。（ただし逆張りは大きな損失を被るリスクもあるので、ある程度慣れた後にやるべきです）それができている人が大きな儲けを得ている人です。しかし多くの人は、少し上がってきたら、「この上昇は本物か…？」と迷いながら数日過ごし、一気に上がったところで、「乗り遅れたらマズい」と焦って買うのです。だから多くの人は儲からないのです。

株式投資はいかに人の心理を上手に読み取り、流れに乗れるかが大切です。その流れを判断する材料がチャートや板といった指標なのです。それら指標を見る力を身に付けて、自分が買おうと思ったら、迷わずに買うことができる人が株式投資で成功するのです。

その他の相場格言

・**もうはまだなり　まだはもうなり**…「もう底だと思えるようなときは、まだ下値があるのではないか」「まだ下がるのではないかと思うときは、もうこの辺が底かもしれない」と考えてみなさいという意味です。

・**売り買いは腹八分**…「最高値で売ろう」「最安値で買おう」などと思うなという戒め。

・**売るべし　買うべし　休むべし**…株式投資に「売り」「買い」の二つしかないと思うのは誤りで、休むことも大切な要素であるという意味。同じ意味で、**「休むも相場」**という格言もあります。

株式投資を始めると毎日売買をしたくなりますが、市場が閑散としてて、チェックしている銘柄もさして動かず、板情報も見ても興味がわくような動きが見られないときは、株式投資のことは頭から追い出して、仕事や遊びに専念することです。

相場を休むことで違った見方が生まれたり、再開時には新鮮な気持ちで投資に向きあえるものです。「木を見て森を見ず」にならないためにも、勇気を持って休むこともとても大切なのです。

株に関する格言はその他にも沢山あります。格言の多くは随分昔に作られた言葉ですが、それがいまだに使われているということは、コンピュータを駆使する時代であっても相場は人間の心理に基づいて動いているというあらわれでしょう。怖いと思えば売りが売りを呼び、買いの勢いが強ければ、上昇相場はいつまでも続くように投資家は感じます。

先人たちは、自分たちの失敗からこのような言葉を残してきました。

株式の相場は心理戦です。自分の心をいかに平静を保たせ、冷静な判断をするクセを身につけなくてはいけないのです。株式相場の先輩たちが残した言葉に耳をかたむけていけば、あなたの失敗も少なくなり投資形成の手助けをしてくれるはずです。

私は格言の中で「休む」というニュアンスの言葉も好きです。ものすごく下落した時や恐いほど上昇している時に、特に思い出します。自分の呼吸を整えないと、大きな流れに飲み込まれそうになるからです。

そんなとき、ちょっとだけ「休む」のです。

心のコントロールのためには相場から離れて〝休む〟ことも大切なのです。

2人の売買結果

株のことは何も知らない2人の息子たちが、株式投資の方法を教わり、
自分で売買した結果はどうなったのだろうか？

長男（大河）の売買事例

銘柄	平和（東証１部　6412）
選んだ理由	少しハマったパチンコ。そのメーカーに興味を持った。パチンコで負けた分を少しでも株で取り返したいとの思いもあり…。

買い
2015年11月17日　2195円　100株
買った理由　大きく下落した後の下ヒゲ出現。
そして大きく値を上げて始まったため

目標株価	2280円（ボリンジャー＋２σ　※購入時の値）
ロスカット設定	2080円（５％下落）

売り
2015年11月30日　2280円　100株
売った理由　目標株価に到達

8500円の勝ち！

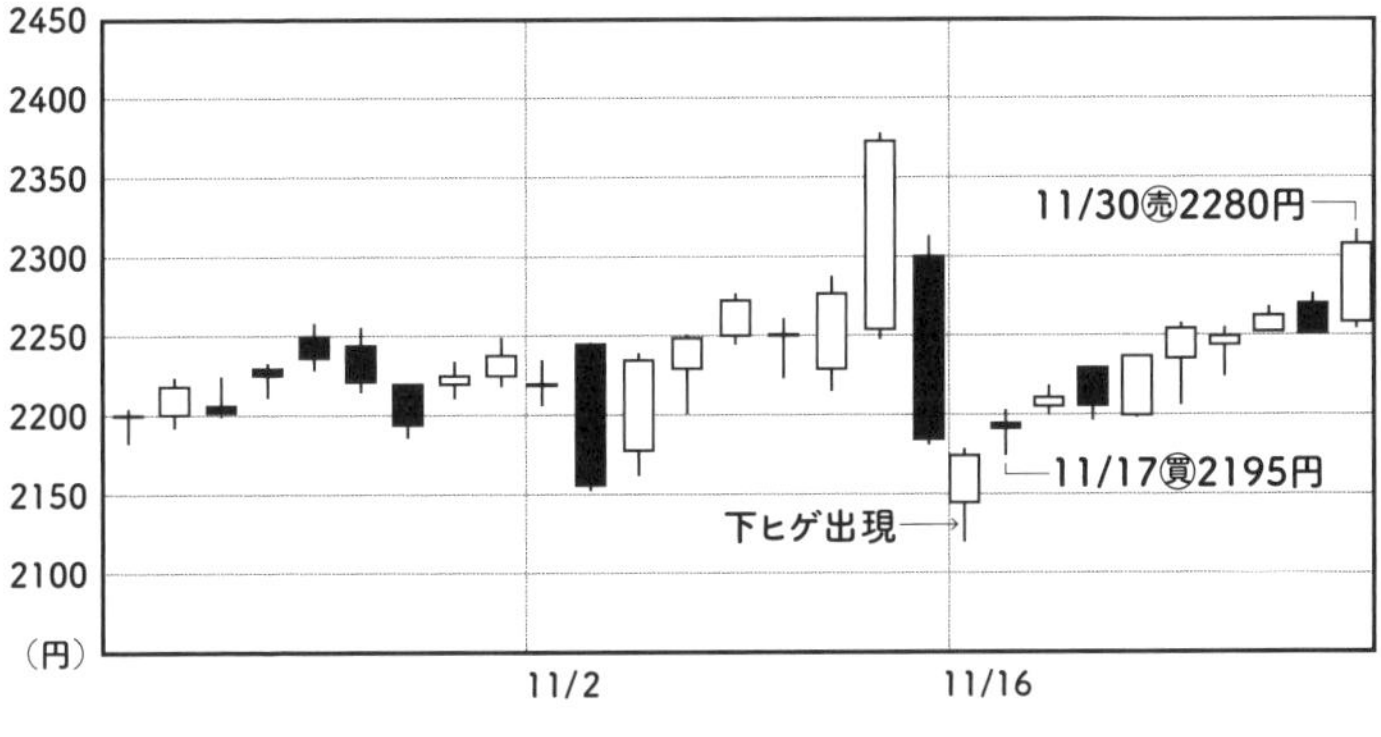

長男（大河）の売買事例

銘柄	平和（東証1部　6412）	※2回目の売買

選んだ理由　前回儲かったのでずっと見ていた。
そしてチャートの形が良かったので買おうと決めた

買い　**2016年1月25日　2192円　100株**
買った理由　下ヒゲと陽線が出現したため

目標株価　2350円（ボリンジャー＋2σ　※購入時の値）
ロスカット設定　2080円（5％下落）

売り　**2016年2月1日　2354円　100株**
売った理由　寄付で目標株価をオーバー

16200円の勝ち！

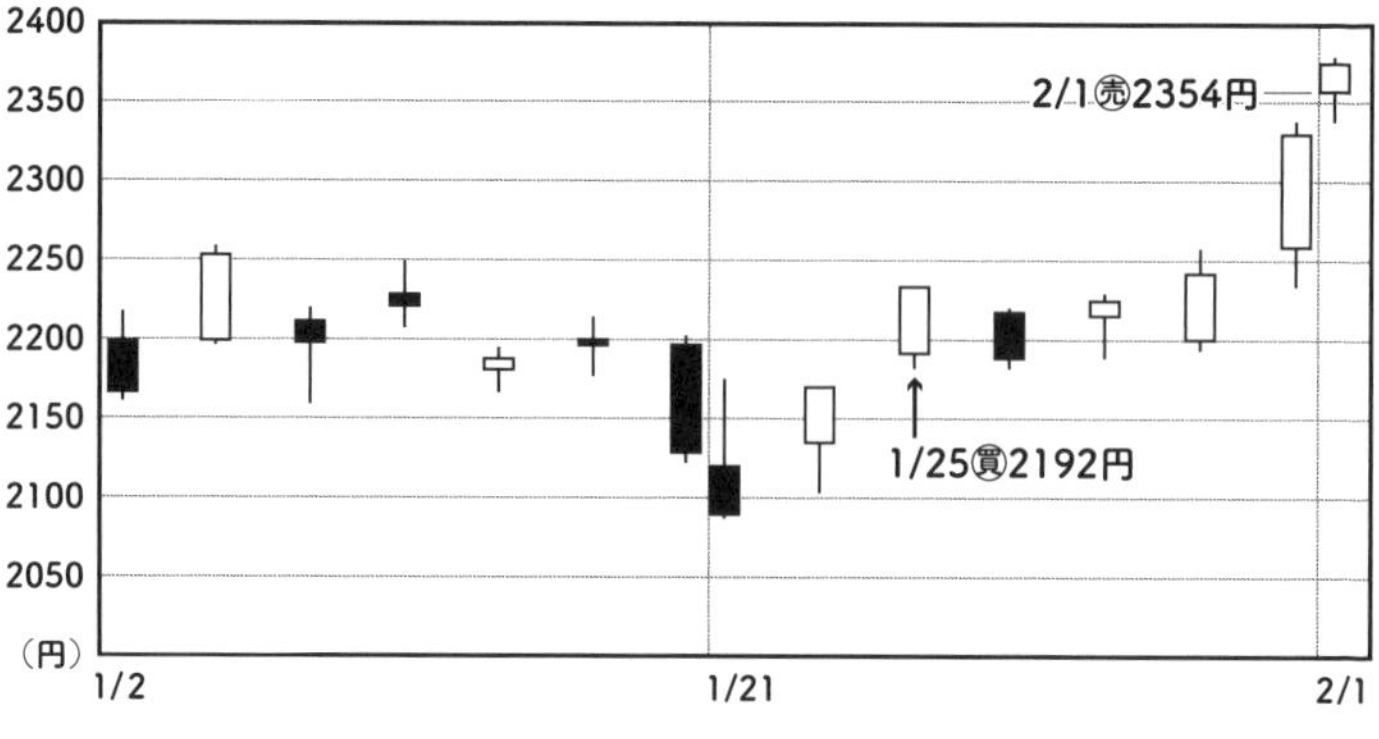

銘柄	ライフネット生命（マザーズ　7157）
選んだ理由	ＴＶＣＭでよく見かけたから

買い **2015年11月27日　455円　200株**

買った理由　前日に包み線＆大陽線が出現したため

目標株価　490円（ボリンジャー＋３σ　※購入時の値）

ロスカット設定　430円（５％下落）

売り **2015年12月８日　430円　200株**

売った理由　損切りにヒット

5000円の負け…

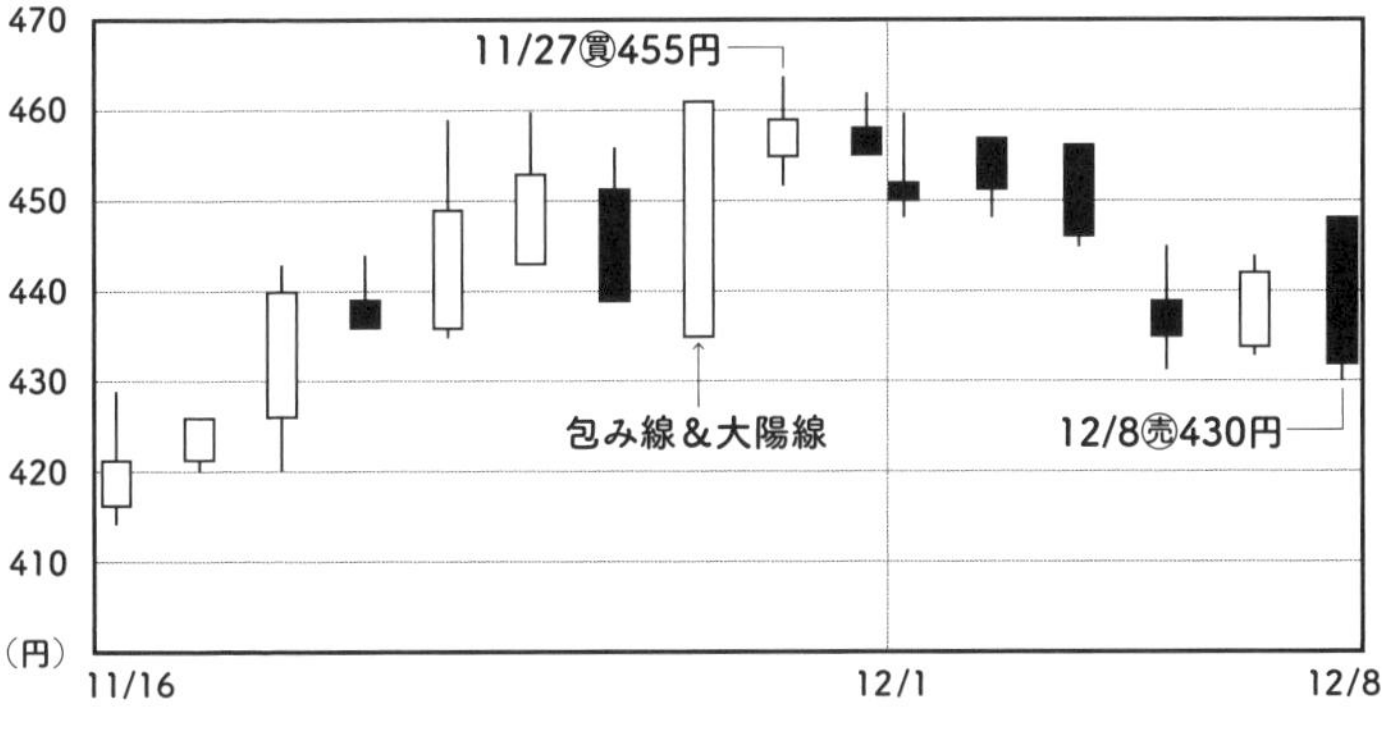

長男（大河）の売買事例

銘柄	カカクコム（東証１部　2371）

選んだ理由　いつもよく使っているから

買い　**2016年２月９日　2075円　100株**

買った理由　前日に包み線が出現したため

目標株価　2480円（ボリンジャー＋２σ　※購入時の値）

ロスカット設定　1970円（５％下落）

売り　**2016年２月12日　1950円　100株**

売った理由　始値で大きく値を下げ、損切りにヒット

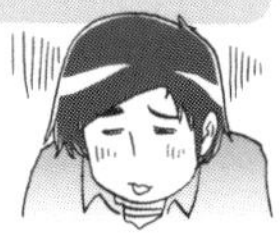

12500円の負け…

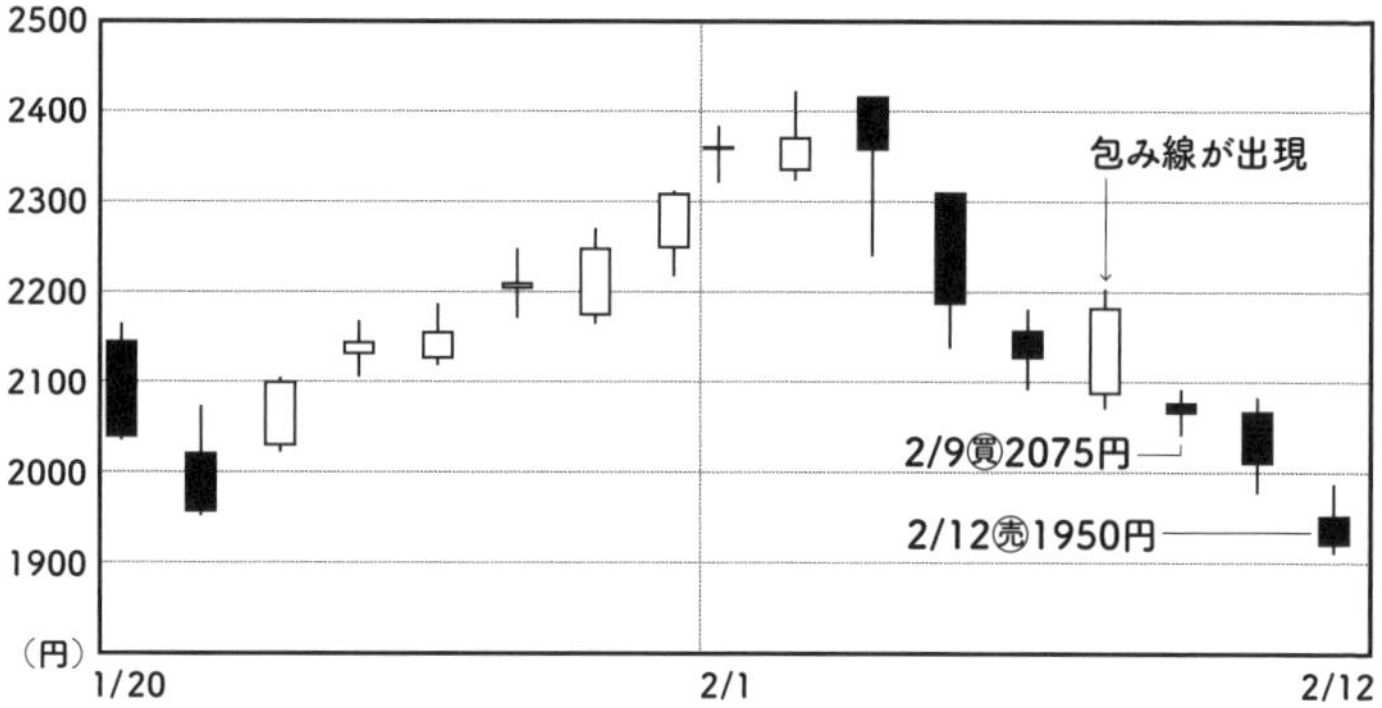

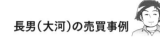

銘柄	オープンドア（東証１部　3926）
選んだ理由	家族旅行の時によく使っているサイト「トラベルコちゃん」の会社だから

買い **2016年２月25日　2170円　100株**

買った理由　前日に包み線が発生したため

目標株価	2650円（ボリンジャー＋１σ　※購入時の値）
ロスカット設定	2060円（５％下落）

売り **2016年３月30日　2650円　100株**

売った理由　目標値（ボリンジャー＋１σ）に到達したため

48000円の勝ち！

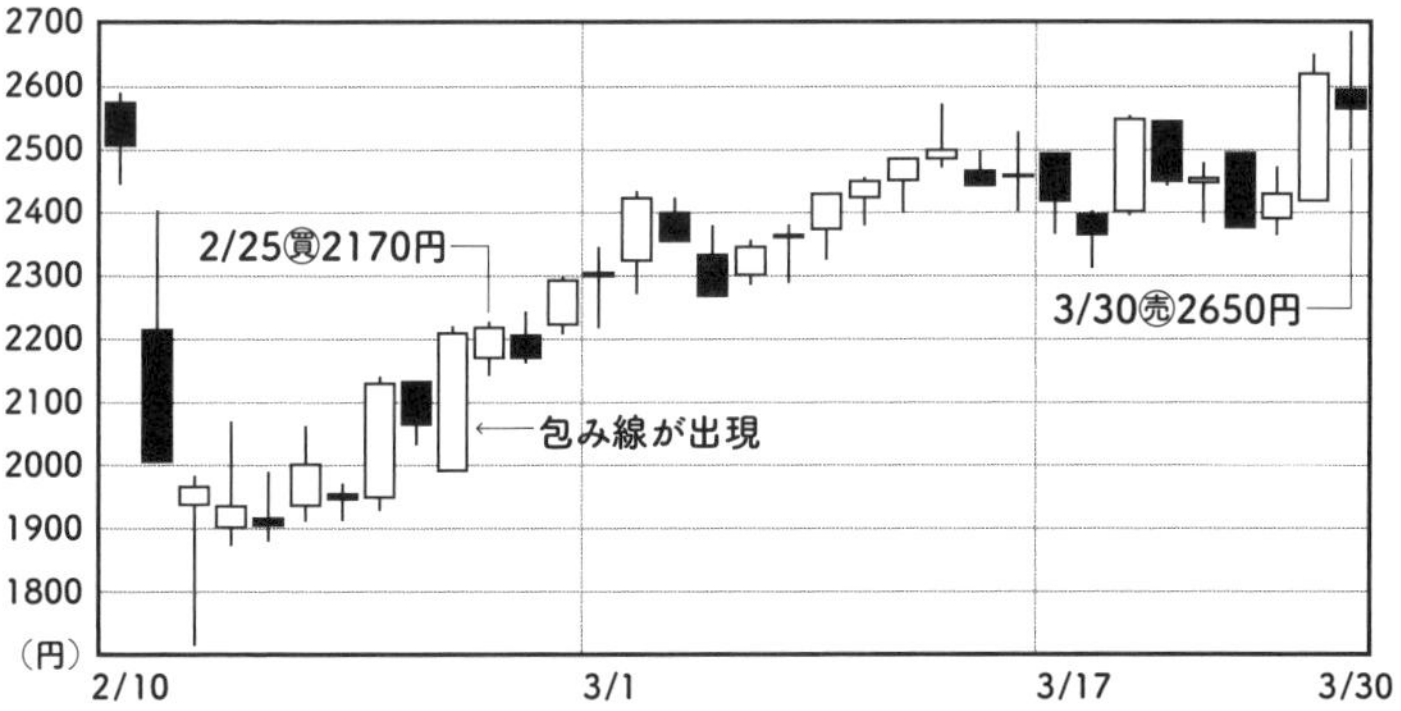

トータル 55200円の勝ち！

次男（飛鳥）の売買事例

銘柄	ドトール・日レスHD（東証１部　3087）

選んだ理由　学校の近くに店があり、よく行っているから

買い　**2015年11月12日　1840円　100株**

買った理由　ゴールデンクロス形状となり、さらに大陽線が出現したため

目標株価　決めなかった

ロスカット設定　1740円（５％下落）

売り　**2015年12月１日　1930円　100株**

売った理由　ボリンジャーバンドが＋２σを超えたため

9000円の勝ち！

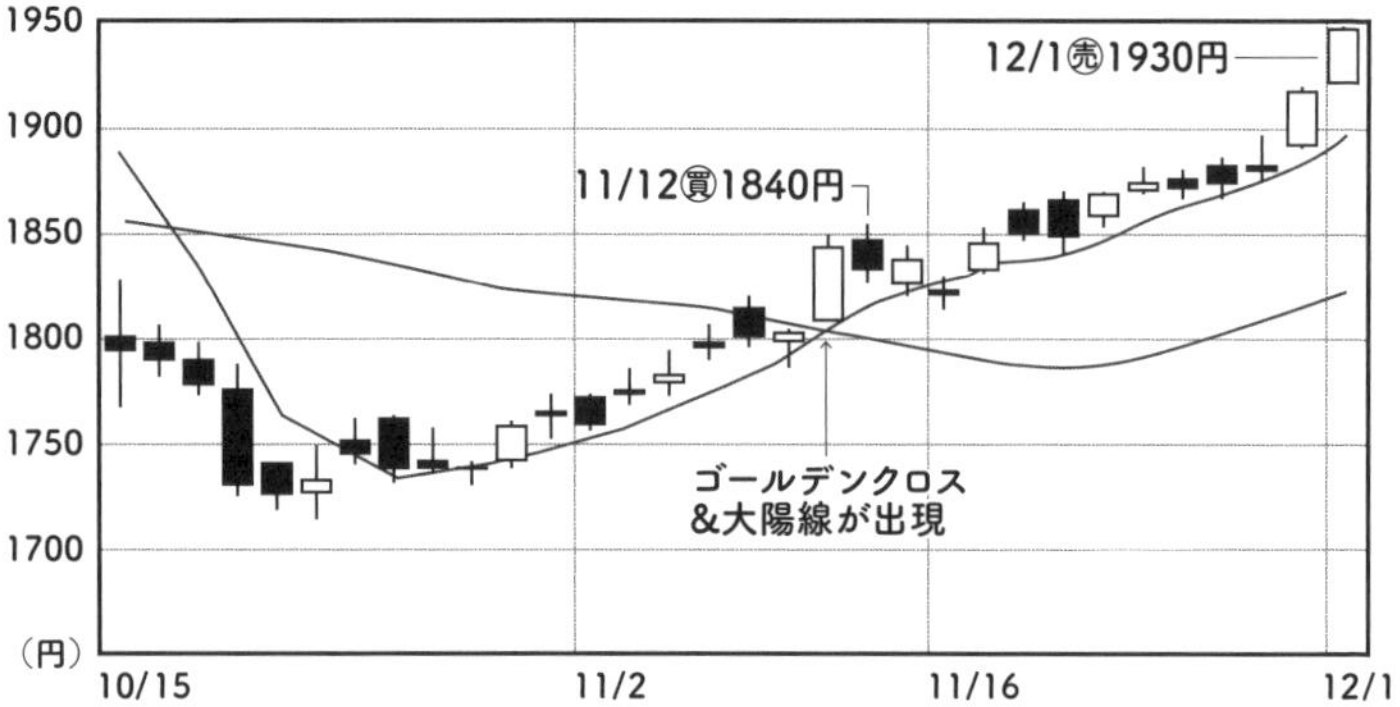

銘柄　サイバーダイン（マザーズ　7779）

選んだ理由　メルマガで知り、事業内容に興味を持ったから

買い　**2015年11月17日　1660円　100株**

買った理由　大陽線が出現したため

目標株価　決めなかった

ロスカット設定　1570円（５％下落）

売り　**2015年12月４日　1800円　100株**

売った理由　チャートを見たら上がる勢いがなくなり、逆に下がり始めたから

14000円の勝ち！

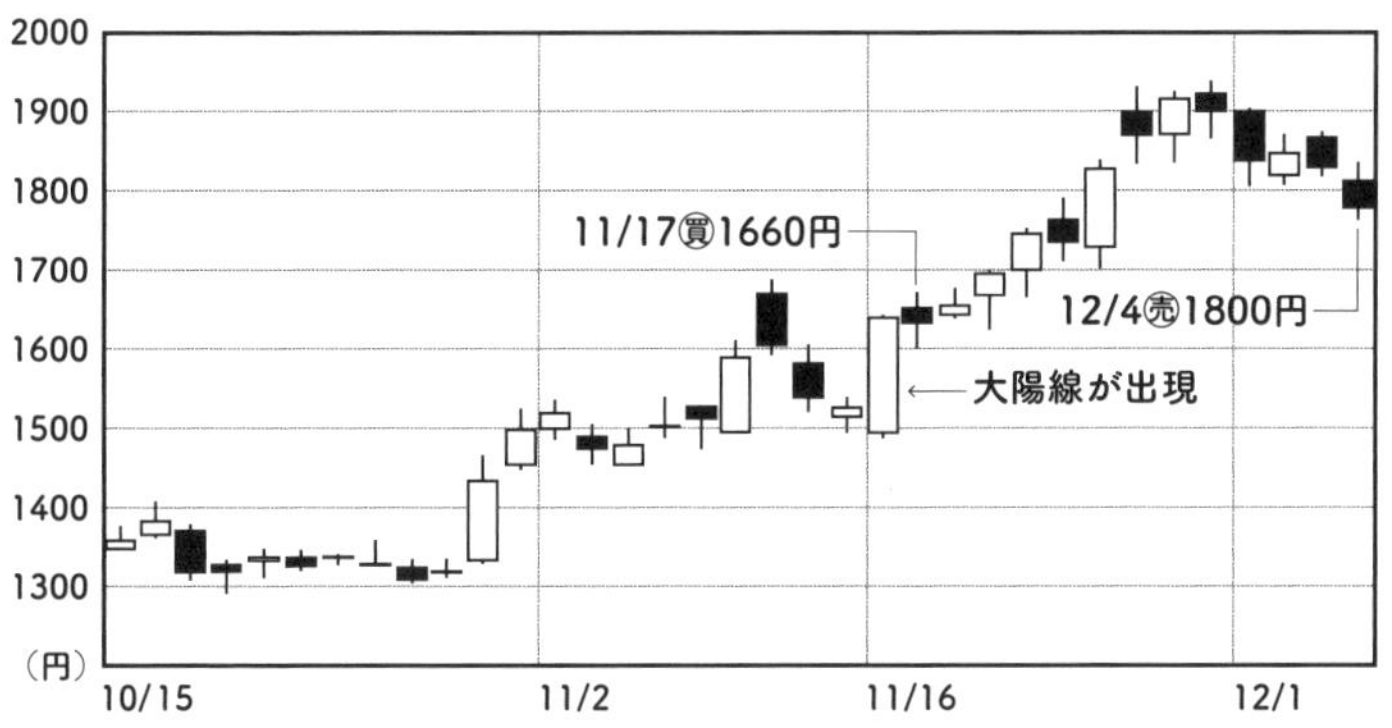

銘柄	コメ兵（東証２部　2780）
選んだ理由	お母さんが不用品をよく売っているから（笑）

買い

2015年12月18日　2406円　100株

買った理由　前日に大陽線が発生したため

目標株価	2620円（ボリンジャー＋２σ　※購入時の値）
ロスカット設定	2280円（５％下落）

売り

2015年12月24日　2280円　100株

売った理由　損切りにヒット

12600円の負け…

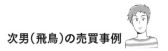

銘柄	コメ兵（東証２部　2780）	※２回目の売買

選んだ理由　前回の売買からずっと見ていたため

買い　**2016年２月12日　1270円　100株**

買った理由　ボリンジャーバンドが－３σに到達したので、もうこれ以上は下がらないと判断した

目標株価　決めなかった

ロスカット設定　1200円（５％下落）

売り　**2016年３月15日　1570円　100株**

売った理由　ボリンジャー＋２σを超えたため

30000円の勝ち！

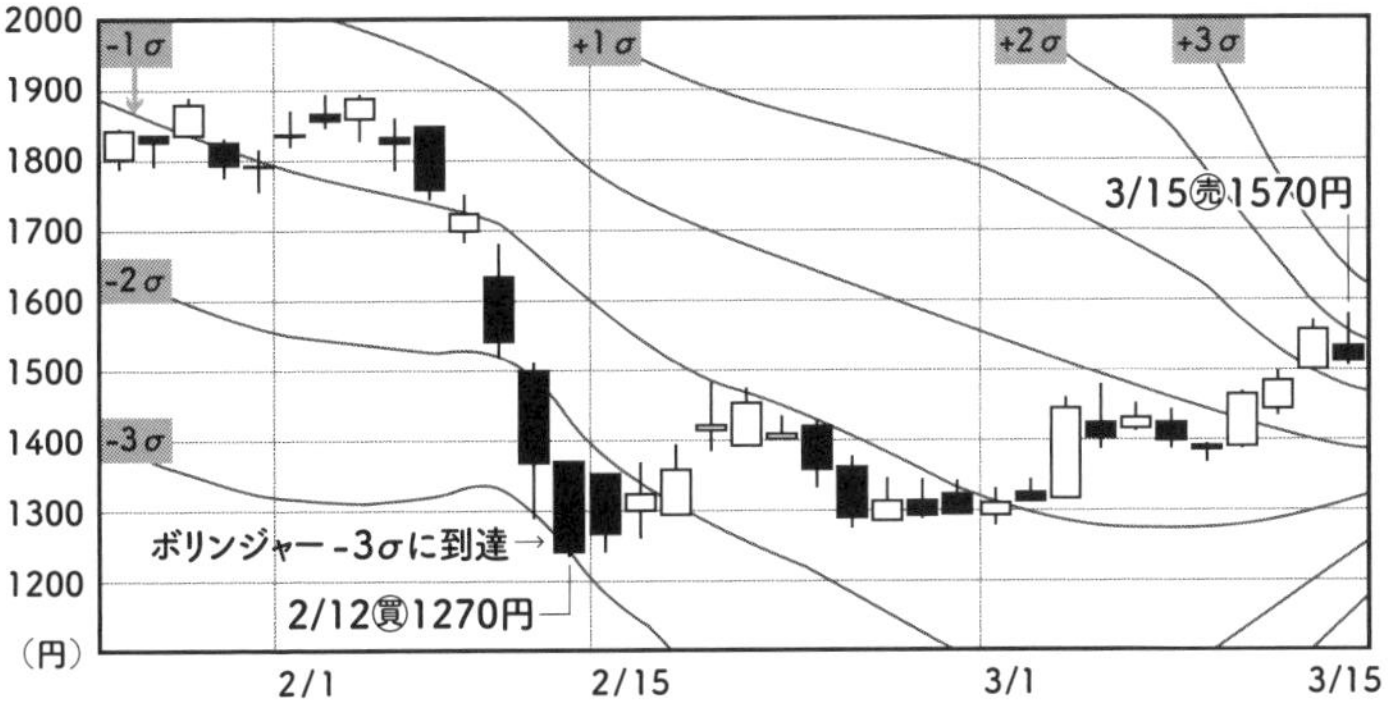

次男（飛鳥）の売買事例

銘柄	ツクイ（東証１部　2398）
選んだ理由	おばあちゃんの介護の時に名前が上がった会社。介護は伸びると思ったため

買い　2016年１月６日　674円　200株

買った理由　前日に包み線が発生したため

目標株価	702円（ボリンジャー＋３σ　※購入時の値）
ロスカット設定	640円（５％下落）

売り　2016年１月８日　640円　200株

売った理由　損切りにヒット

6800円の負け…

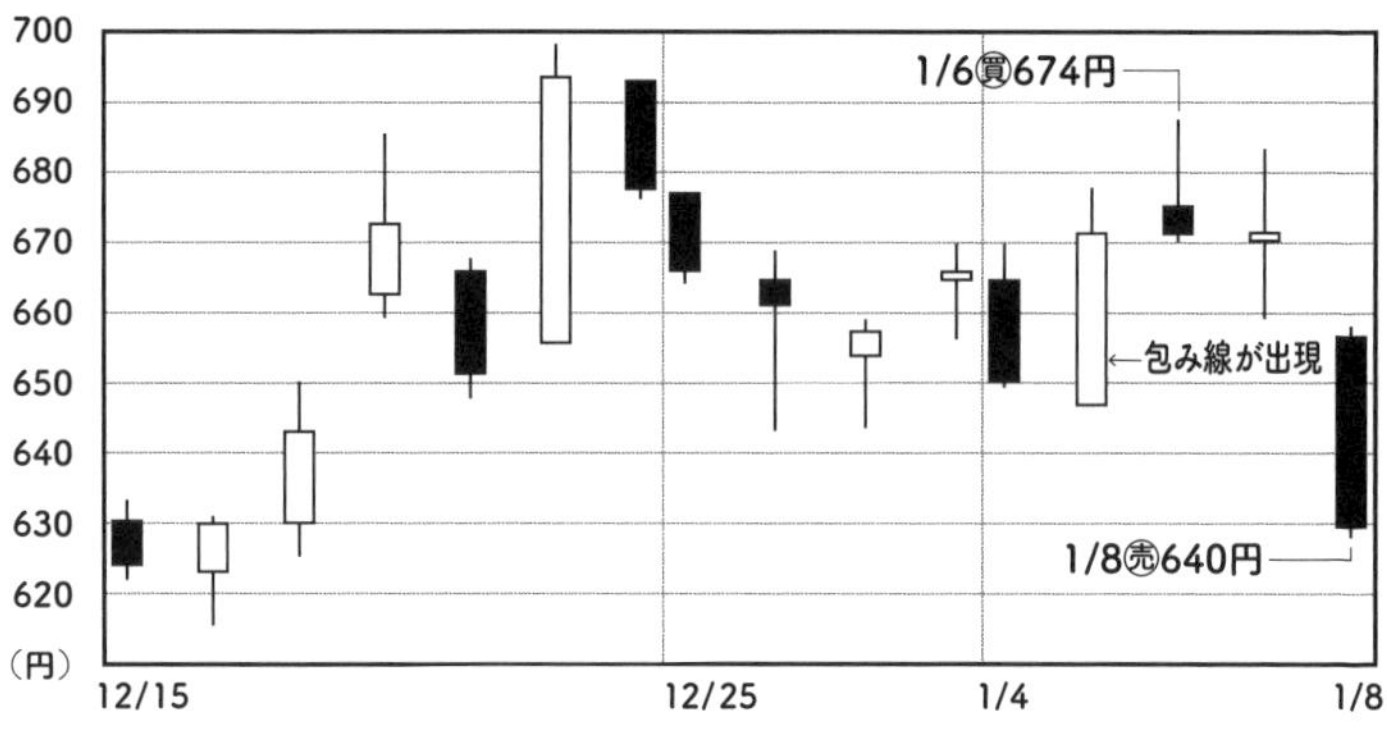

銘柄	セブン銀行（東証１部　8410）
選んだ理由	よく行くセブンイレブンが銀行もやっているとは知らず。あれだけ多くの店舗があるので、ツブれないだろうと思ったから

買い　**2016年２月９日　468円　100株**

買った理由　前日に包み線が発生したため
※完全なる包み線ではない

目標株価	516円（ボリンジャー＋２σ　※購入時の値）
ロスカット設定	440円（５％下落）

売り　**2016年２月10日　440円　100株**

売った理由　損切りにヒット

2800円の負け…

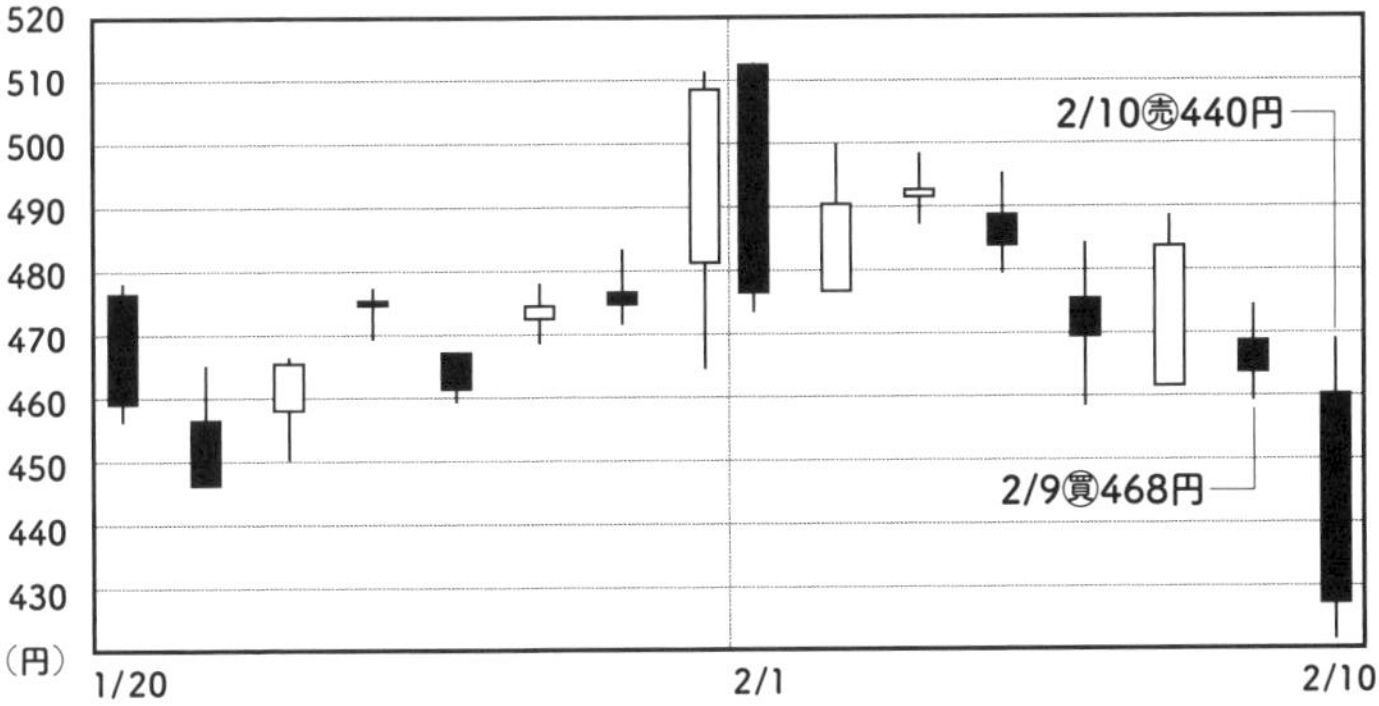

銘柄	スタジオアリス（東証1部　2305）
選んだ理由	新聞のチラシはよく入っているし、小さい頃、自分もここで写真を撮ったことがあったから
買い	**2016年2月15日　2080円　100株** 買った理由　前日に包み線&大陽線が出現したため
目標株価	2282円（ボリンジャー＋3σ　※購入時の値） 2/25の時点でさらに上がりそうだったので2400円に再設定
ロスカット設定	1970円（5％下落）、2/25に2130円（5％下落）に変更
売り	**2016年3月2日　2400円　100株** 売った理由　目標値に到達

32000円の勝ち！

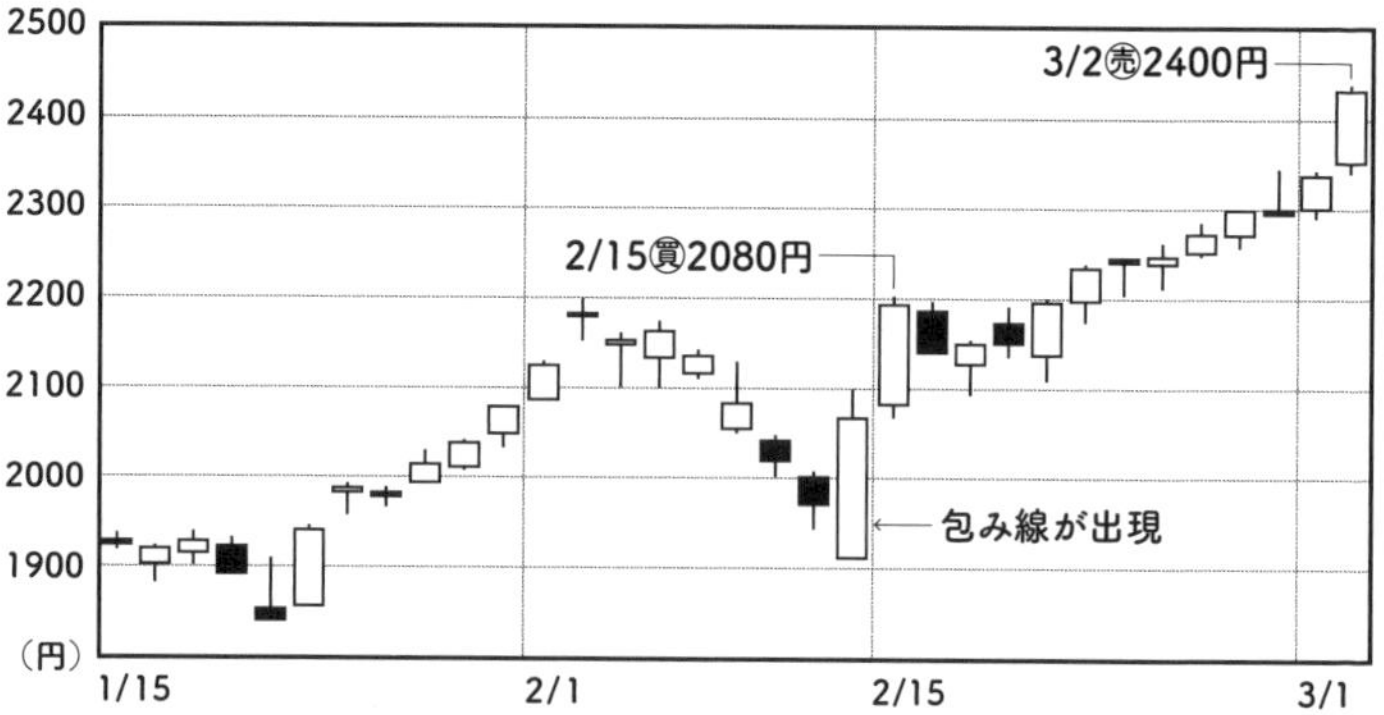

トータル 62800円の勝ち！

2年後のふたり

ゴメンゴメン
ゼミが長引いちゃって
次男・飛鳥
長男・大河
大丈夫だよ
ちょうどキッチンカブーで
人工知能関連の銘柄を
見ていたんだ
ガタン
ぼくも
生で！
はいよ!!
とりあえず
内定
おめでとう！
かんぱ〜い♪
ありがとう！
カチ〜ン!!

飛鳥の株の調子はどう？
父さんほどじゃないけど、スマホ代やガソリン代は株で賄えているかな
ところで
父さんと母さん今日からバリ旅行だったよね
そうそう
グビッ
10日間だってさ あの2人仲いいよな
グビッ
ホントだよね
でもさ

友達ん家の親なんか
俺に口ごたえすんのか
あんたが働かないからだよ!
いっつもケンカばかりしているって
あ〜あの
スロットばかりしているオヤジだろ
目つき悪いしな
それに比べてオレたちの父さんはいつもニコニコだよね
そうそう
今日は急ぐから
仕事で忙しそうにしている時もお母さんやぼくらに八つ当たりすることないしね
やっぱり得意な株で儲けてるからドシっと構えてる感じだよね
そんなに持ち上げるなよ
照れるよ…
2年前何となく株を教わったけどあれから新聞やニュースを見るようになって
それが就活にも役に立ったと思ってるんだ
なるほどね

オレも父さんをマネて給料貯めて
株をどんどんやっていこうと思っているよ
お〜っ!!
ぼくも勉強がんばるよ!
パパーーン
そういえばこの前父さんが言ってたよ
株はすごく奥が深い
本当に興味を持ったらもっともっと教えることがある
へぇー
何だろう?興味あるね!
あと最近
海外に目を向けろ!
って言ってるよね
それに関連しているのかな?帰ってきたら久々に株のレクチャー受けてみようか
そうしよう!
ん?
呼んだ?
居酒屋とり吉
FIN

第4章

投資はまだまだ奥が深い

この章では、まだ息子たちには教えていない投資手法を説明します。子供たちが株についてもっと興味を持ってきたら、いずれ教えていきたいと思っているものです

外国株の購入

外国株は、「人の行く裏に道あり花の山」そのもの

外国株とは海外の証券取引所に上場されている株のことです。よく知られているのはアメリカのニューヨーク証券取引所（NYSE）や、NASDAQ証券取引所のようなものがあります。

日本の国内株式は堅調ではありますが、もはや1980年代の勢いはなく、そして今後も爆発的に成長する可能性は低いというのが正直なところです。これは日本の国全体が既に成熟していて、今後ゼロから作り出される産業とか、多くの人に絶対に必要とされる商品が現れるという状況ではないからだと思います。

つまり今の日本の産業は、既に存在している事業や商品をアレンジしてビジネスをしていくのが主流になっているので、急成長できるほどの需要が発生しない土壌になってしまっているからだと思います。これはアメリカもヨーロッパも一部をのぞいて同じことが言えると思います。

しかし世界を見渡せば、急成長や高い需要が見込まれる産業が沢山ある国はまだまだあります。例えばインド、ミャンマー、カンボジア、中国といった国々です。

インドでは首相が変わって税制改革がうまくいっているので、その経済的巻き返しがこれから始まります。「インド人は低収入」などと思うのは間違いで、年収のアップが続くのは間違いありません。

成長率に関してもアジアでは高水準のインドは、2025年ごろには人口が中国を抜き世界一になると言われるくらいの勢いがありますから目が離せません。

アジアの経済成長率ランキング

順位	国　名	GDP成長率
1位	バングラデシュ	7.183
2位	インド	7.107
3位	カンボジア	7.042
4位	ラオス	7.023
5位	フィリピン	6.924
6位	中国	6.700
7位	ブータン	6.234
8位	ベトナム	6.211
9位	ミャンマー	6.121
10位	インドネシア	5.016
11位	東ティモール	5.000
12位	パキスタン	4.506
13位	スリランカ	4.380
14位	マレーシア	4.220
15位	モルディブ	3.901

出典：「IMF - World Economic Outlook Databases

日本は 21位・・・
成長率 1.03%

ただし、伸びている国であっても、日本から投資できる環境が整っていない国に対しての投資は現実的には難しいです。例えばスリランカは成長は望めますが、投資の体制は弱いです。ベトナムも現地に行かないと株の売買ができませんので、現物株の投資には向いていません。

一方、ミャンマーは日本の証券会社が証券市場の創設に協力してますし、今後十分に期待できる国と言えます。

そして中国は年々注目度は倍増しており、株価も大幅に上昇しています。2015年夏には大暴落が発生しましたが、「一帯一路」という巨大プロジェクトを進めているので私はこれからも伸びると思っており、今でも積極的に投資しています。

中国は共産党一党独裁国なので、国が経済をコントロールしています。国民の数も13億人もいますし、中国が「収入への欲望のレール」からはもう外れることはないと、私は考えています。

私は中国株をH株（香港証券取引所）で取引しています。

中国株はそれ以外にA株、B株と呼ばれるものもありますが、日本でスムーズに取引できるようになったのはここ数年のことです。一方、H株は昔から取引できているので、その流れで私はH株をメインに取引しているのです。

私の中国株投資は今ほど注目されていなかった2005年頃からやっているので、好成績を挙げています。まさに「人の行く裏に道あり花の山」です。

投資というものはそもそも、これから発展する見込みがあるものに対してお金を投入するものであると思っています。今後も外国人でも積極的に買える体制を構築した発展途上国の株はどんどん買いたいと思っています。

ただし発展途上国は通貨が不安定なので、株価は上がっても為替市場で暴落すると損をする危険性があります。したがって、多くの資金をひとつの国に投入するのは避けた方がいいと思います。

ちなみに、私は今は楽天証券で外国株を売買しているので、チャートは楽天証券のPC版で確認しています。

日本株との違いとしては、売買手数料が日本株よりも高いということがあります。日本株なら100万の取引で1000円以下で済みますが、例えば中国株なら4000円くらいかかりますし、米国株は売買額の約2%もかかります。だから外国株でデイトレ的な売買は難しく、最低でも半年保有のような長期保有がメインとなります。

ETFとは

投資信託の一種だが、株のように自由に売買できる。一般的な投資信託と比べ、売買手数料が安いのも魅力的。

ＥＴＦとは、"Exchange Traded Fund"の略で、「株価指数連動型上場投資信託」と呼ばれています。一般の投資信託は、株のように刻々と値段が変動しません。しかしＥＴＦは証券取引所に上場されていますので、普通の株と同じようにリアルタイムで価格が変動し、株と同じような感覚で証券会社を通じて売買ができます。しかも一般的な投資信託は売買ごとに３％程度の手数料がかかることが多いですが、ＥＴＦならば普通の株と同じ手数料１００万円で５００円（０・05％）くらいです（証券会社により異なる）。

株式投資の経験を積んだ人ならば分かるかと思いますが、どんな株を買えばいいかの目安となる情報を探していくと、「いまアジアの○○という地域の産業が世界的に注目されている」とか、「これから1年は○○資源の需要が高くなる」といった情報を得ることがあります。そういう情報を得た時、それに関連した事業に力を入れている会社の株を購入するのが一般的な流れですが、その会社の別の事業が低調だったりすると、それにつられて株価も低迷してしまうといった歯がゆさを感じたことがある人も多いと思います。そういった時に私はＥＴＦを利用しています。

金やプラチナについては、現物を買うこともできますが、売買手数料や保管料といったコストがかかるので、現物よりも証券で買った方が安く上がります。

ＥＴＦは日経平均株価に連動しているものや、原油価格、新興国、金属先物市場などに連動しているものは人気が高く流動性も高いので、普通の東証一部の株と同じように気軽に売買が可能です。

【どんなETFを売買したか】

ひとつの例を挙げて紹介したいと思います。２０１７年では私は以下のＥＴＦを売買しました。

１６９９（ＮＥＸＴ　ＦＵＮＤＳ）ＮＯＭＵＲＡ原油インデックス連動型上場投信
１５４９　上場インド株式　上場インデックスファンドＮｉｆｔｙ50先物
１５４３　純パラジウム上場信託

これらの銘柄を購入した理由は、原油価格はそろそろ底値を打って、徐々に上昇していくだろうと判断したからです。インド関連のＥＴＦは、インド株を個人で売買するのが日本人はできないため、長期投資のつもりで買いました。また、パラジウムは株式雑誌に金、プラチナ、銀よりパラジウムがこれから求められることが多くなる理由が詳しく解説されていたので購入したものです。

ＥＴＦは、個々の株式を購入するにはよくわからないジャンルや興味ある資源関連への投資にはもってこいです。投資信託よりは通常の株式売買のように取引できる売買のしやすさも特徴です。

また、ＥＴＦと同様に特定の指数への連動を目指す商品であるＥＴＮ（指数連動証券）や、不動産商品関連のＲＥＩＴ（リート）という商品も上場していますので、投資経験を積んできたら、そのような商品も学んでみるのもよいと思います。

現在、東京証券取引所に上場しているＥＴＦは、２１８あります（２０１８年３月現在）。これだけあると株と同様に、どれを買ったらいいのかわからなくなるかもしれませんが、一番大切なのは出来高が少ないものは避けるという点です。板情報で売買の多いものを選びましょう。

（1543）純パラジウム上場信託　日足　2017年7月～12月

（1699）NF NOMURA 原油インデックス上場　日足　2017年7月～12月

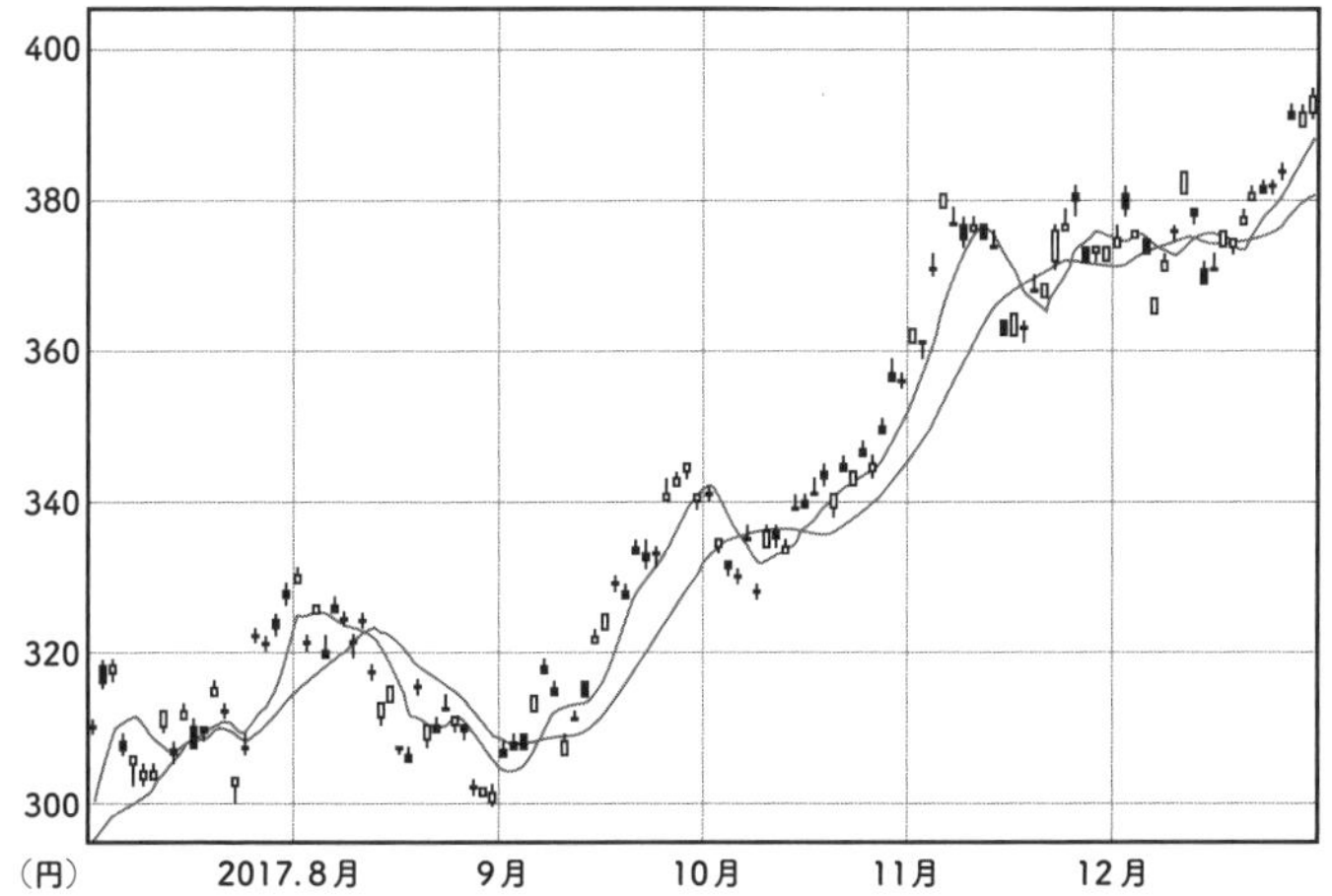

【お金の流れが分かると銘柄選びができる】

また私がＥＴＦに興味をもった背景は、経済は全世界のあらゆることに連動しているということを実感したためです。

ごく一般的な話として、ニューヨークの株式市場が下落して終わると、日本の株式市場もその株価につられる形で下落して寄り付くことがあります。

それと同じように、円高傾向になれば、食品、小売、電力のような輸入関連の株は上がりますが、日本株全体としては下がる傾向があります。これは東証一部に投資している人の約70％が外国人投資家なので、円が高くなると外国人投資家たちの資金が円に対して価値が減少し、その分日本市場に流れ込む資金が減ってしまうという点と、東証一部上場企業には輸出企業が多い点が原因と考えられます。

また原油価格が下がると、日本株も下がる傾向があります。これも同じことですが、東証一部に投資している外国人投資家のうち石油産油国関連の人たちの割合が多くを占めておりますので、原油価格が下がるとその人たちの資金が減ってしまい、日本株の流動性が減少し、株価が低調になると考えられています。

また株価が低調の時は、金の価格が上がるとも言われています。これは証券の動きが悪い時は現物資産に資金が流れるのが要因と考えられています。さらに言うと、インドや中国の景気が良いと、金の価格が上がります。これはお国柄、自国の通貨よりも、実物資産の方が信用されているという事情もあるようです。

もちろん市場は確実に今挙げた例のとおりの動きをするものではありませんが、株を売買する時に為替や金相場の動向をチェックすることは、大きなリスクヘッジにつながるでしょう。

2010年以降の推移

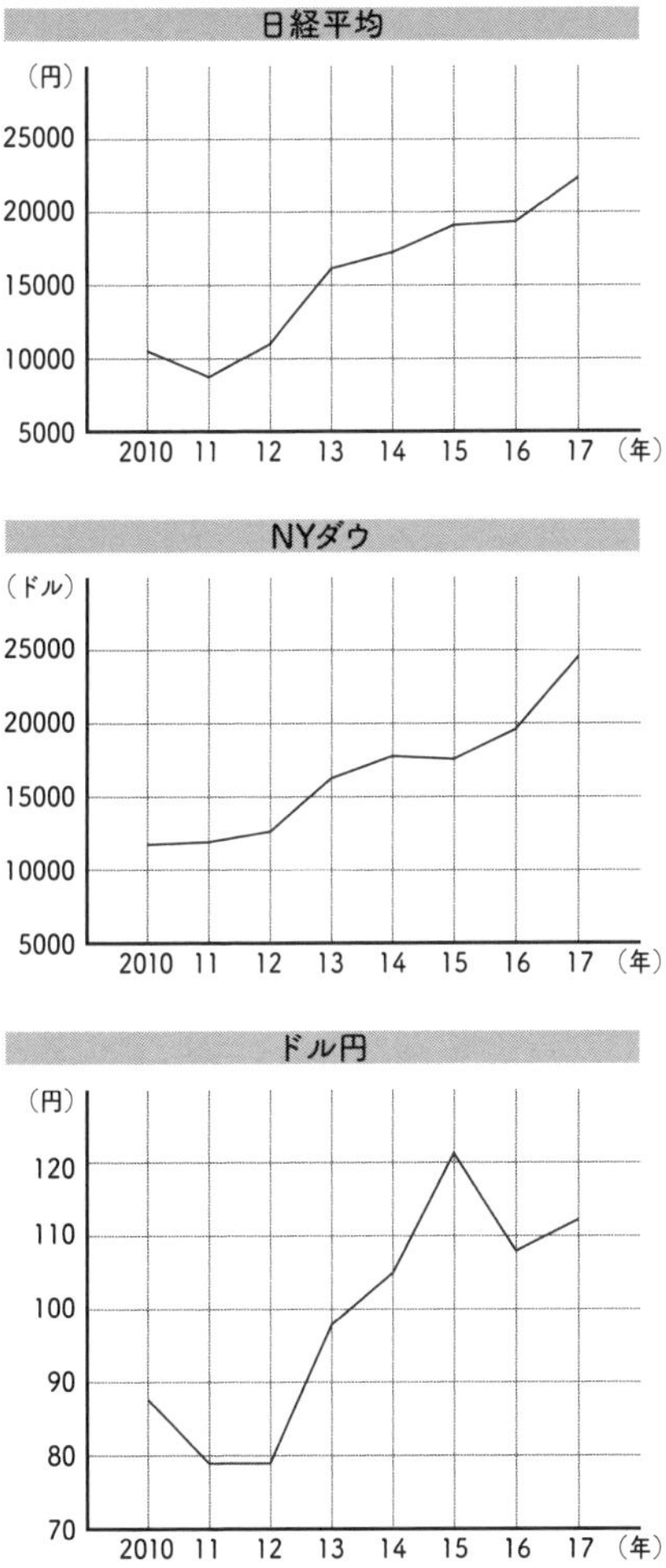

ＩＰＯとは

私の投資人生の救世主。ぜひともやるべきジャンルです

ＩＰＯ（Initial Public Offering）とは、新規上場株の売買のことを言います。上場することが決まっている会社の株を公開前に買い、上場してから売却するという取引です。

「公開されていない株を買って、公開された後に売る…」と聞くと、政治家たちへの賄賂として利用されている違法な取引を想像される方もいるかと思いますが、これは適法な取引ですのでご安心ください。

本の冒頭でお伝えしたとおり、私は約15年に及ぶ塩漬け状態をこのＩＰＯにより解消することができ、それ以後まっとうな株式投資を続けることができました。私にとって、ＩＰＯはまさに救世主です。

私がＩＰＯをはじめたのは２００４年の頃。当時は今よりも新規上場する会社も多い一方、ＩＰＯを行っている人は少なく、比較的容易にＩＰＯ株を購入することがで

きたので、非常に多く儲けることができました。

今は新規上場する会社は減ってしまい、逆にＩＰＯを行う人は多くなってしまったのでなかなか買うことができず、以前ほど儲けるのは難しくなりました。それでも一般の株式投資に比べて儲かる確率は高いので、人気の高い株式取引といえます。

２０１６年の郵政３社上場のように、低リスクで儲けることができるような新規公開株もありますので、株に興味がある人はぜひともやるべき分野だと思います。

ＩＰＯを行うためには、複数の証券会社で口座を開設することをお勧めします。なぜ複数の証券会社で口座を作る必要があるのかというと、ＩＰＯ株は抽選に当たらなければ買うことができませんので、当選の確率を増やすためには複数の証券会社に同時に申し込めるようにした方がいいのです。

「抽選」というと、純然たるくじ引きを想像すると思いますが、実際のところ多くの証券会社は、今までの取引状況や預金残高等を考慮して、「太い」顧客から優先的に割り当てをしているのが実情です。特に店頭取引を主体している証券会社はその傾向が強いようです。一方でネット証券は、純然たる抽選結果により配分しているように思われます。

○○○○株式会社				上場日　2018／○／○○			
				株価の情報を見る			
コード／市場	0000／マザ	業種	情報・通信業	公開株数	868,200		
仮条件	700～800円	公開価格	800円	引受証券	日興他		
ＢＢ期間	２／８～２／15	申込期間	２／17～２／22	注目度	A		

【ＩＰＯ株の選び方】

インターネット上で「ＩＰＯ　スケジュール」と検索すると、ＩＰＯ株の公開予定情報のサイトがヒットします。ここではひとつの例として、『Ｙａｈｏｏ！ファイナンス』に沿って説明します。

※『Ｙａｈｏｏ！ファイナンス』のトップから「株式」↓「ＩＰＯ」でたどり着けます。

○公開株数…少ない方が希少性が高い。株数が少なくて、さらに業績も良いと、お宝銘柄と判断されて注目度が高くなる。

○仮条件…ＢＢ期間（次ページ参照）の申込状況により証券会社が算定した公開価格の目安幅。上限の価格で決まることが多い。

○公開価格…上場日の発行価格のことで、ＢＢ期間終了時に発表される。たまに仮条件で表示された上限に達しない価格に決まる株もあり、そんな時投資家たちは「人気がない。下がるのでは…」とビクビクすることになる。

○引受証券…株の申し込みを受け付けている証券会社のことで「主幹事証券会社」と「幹事証券会社」とがある。主幹事証券会社とは、その会社の上場をメインで手助けしている証券会社のことで割り当て数が最も多い。幹事証券会社は主幹事証券会社よりも割り当て数は少ない。

○BB期間…ブックビルディング期間という。公開価格をいくらにするかを決める上で購入の申し込みを受け付けている期間のこと。この期間内に申し込み株数と購入希望価格を伝える（通常、上限価格で申し込む）。当選しても（購入する権利が得られても）、申し込み株数のすべてが割り当てられることはほとんどない。

○申込期間…抽選に当たった人が公開価格で正式に買うことができる期間。この期間の初日か翌日に当選通知がくる。公開価格を見て、キャンセルすることもできる。この期間から購入の申し込みをする。

○注目度…Ｙａｈｏｏ！ファイナンスでは、Ｓ↓Ａ↓Ｂ↓Ｃの順に、人気の度合いを表示している。ただしこれはあくまでも注目度の指標なので、ＳやＡランクが付いているからといって必ず儲かるというものではない。

【ＩＰＯ株の購入に適した証券会社とは】

ＩＰＯ専用の口座というものはありません。一般の取引口座をつくればいいです。ただし、先ほども述べましたように、ＩＰＯ株を買うにはまず抽選に申し込みをして当選する必要があります。証券会社によっては当選した際の購入資金（申込株数×公募価格）を前もって口座に預けておかないと、抽選に応募できない会社もあります。しかしネット系の証券会社は、応募の時点では預入金は不要な会社もあります。

私の経験では対面系の証券会社の中の、みずほ証券、またはＳＭＢＣ日興証券がおすすめで、当選する確率が高いように感じます。ＳＢＩ証券やマネックス証券といったネット系の証券会社は、完全抽選なので当たれば買えますが、割当株数は最小単位であることが多いので、正直なところあまり儲かりません。

担当と直接話をする対面系の証券会社で担当から割り当ててもらった方が、多くの株数を買うことができるので儲かります。ＳＢＩやマネックスは他の対面系の証券会社と異なり、預入金が多くなくても（１００万円程度でも）相手にしてくれます。

私がＩＰＯ株を取引している証券会社

証券会社	私の申し込み方法	私の当選確率	店頭への配分	ネットでの完全抽選	感想
ＳＭＢＣ日興証券	電話	30%	90%	10%	三井住友銀行系列でＩＰＯに力を入れていて、私の担当者はよく勉強している。
みずほ証券	電話	10%	90%	10%	自宅に上司と担当者が来るくらい熱心。私の担当者は歴代みな感じがいい。
野村證券	電話とネット	5％	90%	10%	顧客は金持ちの年配層が多数。数千万円くらいの口座残高では少ししか回してくれないし、電話も年に数回程度。
三菱ＵＦＪモルガンスタンレー証券	電話	10%	90%	10%	株数多く注文しても、当選株数は最低単位がほとんど。多くの客に配分するスタイル。
大和証券	電話	5％	90%	10%	新しい支店長が挨拶にきてから取り扱い急増。
岡三証券	電話	1％	90%	10%	担当者によって「やる気のある人」「ない人」の差が激しい。
東海東京証券	電話	10%	90%	10%	たまに主幹事になるので、口座は開いておきたい。
エイチ・エス証券	電話	50%	不明	不明	口座開設した支店が小さかったが、いろいろ相談に乗ってくれた。
ＳＢＩ証券	ネット	まだ０％	不明	不明（ポイント制）	よく主幹事になるので、ネット申し込みでは、一番効率的な証券会社。
マネックス証券	ネット	０％	不明	100%	幹事証券会社になるが、配分ウエイトは小さい。

※各数字や感想は私の主観です。

購入するには、まずＩＰＯ株の主幹事証券会社になることが多い証券会社、つまり、野村証券、大和証券、みずほ証券、ＳＭＢＣ日興証券に口座を作ることは必項です。その次は東海東京証券、岡三証券も大事です。ＳＢＩ証券、マネックス証券、カブドットコム証券といったＩＰＯ株の取り扱いを積極的に行っているネット系の証券会社にも口座を作りましょう。

【どんな会社の株を申し込めばよいのか？】

抽選の申し込みをするかどうかの判断材料はチャートもありませんので、今までの業績とこれからの業績予測です。公開されている業績に関してはいくらでも調整できるので、「全く見ない」という人もいます。

確かにこれから上場をする会社は投資家に好印象を持ってもらうために、上場に向けて売上も利益も右肩上がりに伸びて、これから順調に推移する数字を演出することはあるでしょう。

しかし中には、何らかの事情で売上や利益が落ちている会社もあります。

こういう会社については、その低調の理由がわからない限り、申し込みはしないようにしています。数字を良くするのが当然な状況なのに、それができなかった事情があるものだと私は思うのです。

また公開市場が東証二部の銘柄は、よほどの好印象がないと避けています。今までの経験上、東証二部は人気がなく儲からないイメージがあるからです。

東証一部に上場するＩＰＯ株はあまり大きく儲かることはないですが、安定して利益が確保できます。

ですので、比較的多くの株数を買って、上場日に少し上がったらすぐに売却という売買で儲けます。マザーズは安定感はないですが、うまくいくとグンと値が上がり、大きな利益を生み出してくれる可能性を秘めた銘柄が出てきます。

また最近では、再上場銘柄が見受けられます。一度上場廃止になった会社が市場に戻ってくるものです。知名度がありますから申し込みたくなりますが、私はいつも見送っています。なぜならば過去の経験上、公開価格を割ることが多いためです。

【抽選申し込みの方法】

電話で申し込む時は証券会社の各支店に電話をかけて、そこで銘柄と購入希望株数、そして購入価格条件（指値、仮条件の上限、ストライクプライス＝成行）を伝えます。

その後、申込期間に入ったら、抽選結果は電話がきたり、またはホームページ上で確認できます（外れた時に連絡をもらっても無意味なので、私は抽選申し込み時に「当たった時だけ連絡ください」と伝えています）。

無事当選した際のその後の購入手続きとしては、購入資金の送金や目論見書の確認などがありますが、株の取引を行ったことがある人にはスムーズにできるでしょう。

ここでひとつ注意をしなければいけないのは、キャンセルについてです。

ＩＰＯ株は抽選申し込みの時点では、公開価格（＝購入株価）は分かりません。Ｂ期間の終了時に公開価格が決まりますので、抽選に当たった人はその金額を見てから、実際に買うか買わないかを判断できる仕組みにはなっています。しかし、当選後のキャンセルはしない方がいいと私は思っています。もしキャンセルした場合、その証券会社、特に店頭系の証券会社の場合は、当分の間は当選しないと思っていた方がいいでしょう。

というのも、証券会社の営業マンとしては、「えぇっ、買うと言ったから社内を調整してせっかく確保したのに、キャンセルするんですか…。すぐに他のお客さんを探す手間が増えて面倒だなぁ」という心境になるのだそうです。

他のお客さんに、「追加で〇〇株買いませんか？」と打診して、すぐに買い手が決まるならいいのですが、他のお客さんも、「申込期間に入って数日経った今ごろ、何でそんな連絡が入ったのだろう？　さてはキャンセルが出たんだな…。ということは、このＩＰＯ株は不人気なのでは⁉」と疑心暗鬼になってしまい、本来ならばすぐに捌ける株も売りづらくなってしまうことがあるそうです。

ある営業マンは、「一度キャンセルした人は二度と当選させない」とまで言い切っていました。そのくらい、キャンセルはダメージが大きいのです。

逆に「キャンセルが出たのですが買いませんか?」と証券会社の営業マンより連絡が入ったら、有無を言わずすぐに買ってあげると、その営業マンの印象はアップして、今後、他のIPO株を購入の際に有利に作用する可能性もあるでしょう。

【IPOは初値売り! が正しい】

IPO株の売買のキモは、その株の上場直後に儲かっていても損していても全て売ることです。上場してからしばらくの期間は、大きく上がったと思ったら一気に値下がりするなど、業績とは関係なく、値が大きく動くことが多いです。しかも上場したばかりでチャートも形成されていませんので、売買の判断となる指標は分足や板情報しかありません。したがって、我々のような素人の投資家は、投機的な流れの中に巻き込まれる前に、上場したその日、初値が付いた時点で売ってしまった方が賢明です。

初値が付いた時にプラスになっていれば、売る決断もできるでしょう。しかし購入価格とほぼ同じ金額、または購入価格よりも下がってしまっている場合、売る決断をするのはなかなか難しいと思います。

なぜならば、ＩＰＯ株は普通の株式投資よりも儲かる確率が高いと思い、抽選に申し込んでまでして手に入れたものです。これで儲からないのは受け入れがたい！　何とか儲からないものか…。という気持ちになるのも分かります。

しかし、そのような利益が出ていない時でも、損切りとして売ってしまった方が今後の資産形成のためには有利です。

私も公開価格と初値がほぼ同じ時に、あわよくば上がるかも…と思い、初値が出た午前9時からほんの10分間そのまま放っておいたら、その間に暴落してしまい、数十万円の損失をしたことがあります。ずっとパソコンの画面を見続けることができる人はいいですが、我々サラリーマンはリアルタイムで株価をチェックするのは難しいと思います。なので、値がつく前に初値で売りたい時は「成行注文」を出しておきます。このルールでの売買をおすすめします。

一般の株式投資よりも儲かる確率の高いＩＰＯですが、上場日に日経平均が大きく下がるような悪いニュースが出て、市場環境が軟調な状態ですと、それにつられて初値も下がってしまうことはあります。そのような予測不能なリスクがあることは認識しておいた方がいいでしょう。

【結局のところ、IPOはトクなのか？】

前述のとおり、2018年現在は、十数年前のIPO黎明《れいめい》期に比べると、新規上場する会社は減る一方でIPOを行う人は多くなってしまっているので、当選確率は非常に悪くなりました。私がIPOを始めた当初は10回のうち5回は当選していましたが、今では10回中当選は2回程度になっています。

しかも、自分が希望した株数よりも少ない金額でしか当選せず、50万円分しか買えず、上場日にその株価が52万円になって、結局、2万円の儲け……。苦労して申し込んだのに、利益は少し、というようなこともよくあります。

したがってIPOは、複数の証券会社に多くのお金を預けられる余剰資金を持っている人が多くの株数で行うと、スケールメリットが出てくる投資かもしれません。

ですが私は、資金の少ない人もIPOはやった方がいいと思います。

今でも年に数回は、公開日に株価が2倍以上騰がるような銘柄もあります。

このような株に当選し購入することができれば、わずか1日、いや数分で、夏休みや年末年始の家族旅行の資金を稼ぐことだってできるのです。

ＩＰＯ株 売買実例

この株を選んだ理由

ＳＧホールディングス株式会社

SGホールディングス 株式会社			注目度／S
コード：9143	市場：東証１部	業種：陸運業	売買単位：100株
事業内容	一般貨物自動車運送事業などを行うグループ会社の経営管理およびそれに付帯または関連する業務など		

スケジュール		価格情報	
仮条件決定	11/24	仮条件	1,540～1,620
ブックビルディング期間	11/27－12/1		
公開価格決定	12/4	公開価格	1,620
申込期間	12/5－12/8	初値予想	1,800
上場	12/13	初値	1,900

POINT①

ＳＧホールディングスとは「佐川急便」のことです。2017年のＩＰＯでは、最大規模の上場でしたので注目度は最高ランクです。

本店所在地	京都府京都市南区上鳥羽角田町		
設立年	2006年		
従業員数	209人(平均38歳、年収707.9万円)、連結4万6185人		
資本金	11,882,905,000円		
上場時発行済み株数	320,107,200株		
公開株数	78,775,400株 売り出し71,582,900株、オーバーアロットメント7,192,500株		
シンジケート	公開株数47,950,300株 (別に7,192,500株)／(国内分)	単位(%)	単位(株)
主幹事証券	大和	37.75%	18,101,300
主幹事証券	三菱UFJモルガン・スタンレー	37.75%	18,101,300
引受証券	SMBC日興	13%	6,233,500
引受証券	みずほ	6.5%	3,116,700
引受証券	野村	5%	2,397,500
大株主		単位(%)	単位(株)
グループ従業員持株会		27.03%	86,547,315
新生興産(株)		11.83%	37,872,000
(公財)佐川美術館		7.56%	24,200,181
栗和田 栄一		5%	16,018,800
(株)三菱東京UFJ銀行		4.67%	14,959,860
(株)三井住友銀行		3.94%	12,600,000
三井住友海上火災保険(株)		3.94%	12,600,000
住友生命保険(相)		3.94%	12,600,000
佐川印刷(株)		3.53%	11,308,200
損保ジャパン日本興亜(株)		3.19%	10,200,000

POINT②

大型上場なので、当然ながら公開株数も多いです。つまり当選（購入できる）確率も高いということです。

POINT③

大株主にヘッジファンドがゾロゾロと名を連ねていないのも好感触です。ヘッジファンド系が多いと、上場後に売却＝株価下落の恐れがあります。

業績動向(百万円)	営業収益	営業利益	経常利益	純利益
(連結実績)2016 3	943,303	54,004	52,572	33,975
(連結実績)2017 3	930,305	49,474	51,208	28,452
(連結中間実績)2018 3	481,485	28,950	29,377	16,659

POINT④

当然ながら利益水準は高いです。

取引の流れ

1 2017年12月５日に、大和証券、三菱ＵＦＪモルガンスタンレー証券、ＳＭＢＣ日興証券の３社に合計10000株を申し込み。

2 ３社とも当選したが、購入可能株数は3000株（486万円）

※このように申込株数の100％を買えることは、ほぼない

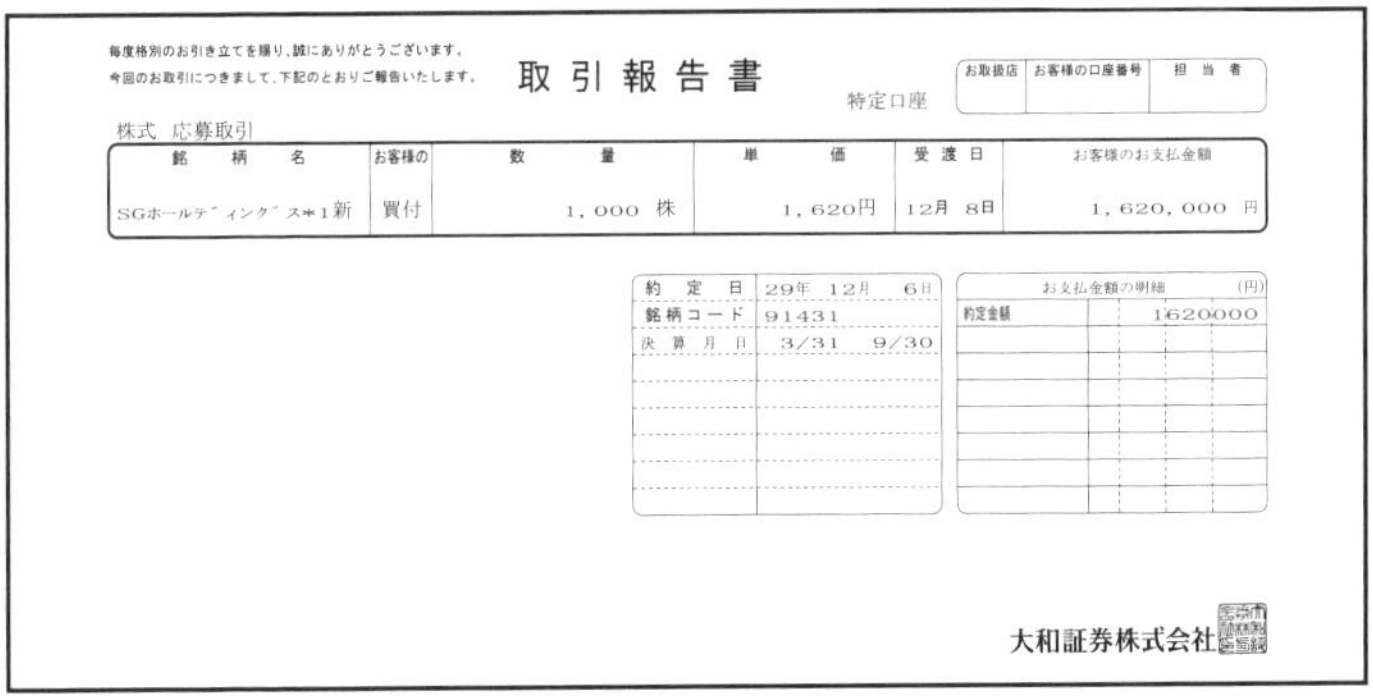
毎度格別のお引き立てを賜り、誠にありがとうございます。
今回のお取引につきまして、下記のとおりご報告いたします。

取引報告書

特定口座

お取扱店	お客様の口座番号	担当者

株式 応募取引

銘柄名	お客様の	数量	単価	受渡日	お客様のお支払金額
SGホールテ゛ィンク゛ス＊1新	買付	1，000 株	1，620円	12月 8日	1，620，000 円

約定日	29年 12月 6日
銘柄コード	91431
決算月日	3/31 9/30

お支払金額の明細	(円)
約定金額	1620000

大和証券株式会社

取引報告書の一部。大和証券では1000株を購入

次のページへ続く

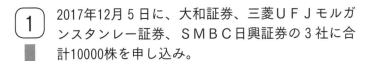

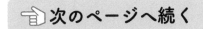

③ 12月13日上場。初値は1900円。
「ＩＰＯは初値売り！」のルールどおり、すぐに売却。

④ 利益確定！
成行売りのため約定金額に数円のズレはあるが、平均すると1907円で売却。
（1907円×3000株＝572万円）

毎度格別のお引き立てを賜り、誠にありがとうございます。
今回のお取引につきまして、下記のとおりご報告いたします。

取引報告書

特定口座

お取扱店	お客様の口座番号	担当者

株式　普通取引　（オンライン注文）

銘柄名	お客様の	数量	単価	受渡日	お客様のお受取金額
SGホールディングス	売付	1,000 株	1,918円	12月18日	1,902,148 円

約定日	29年 12月 13日
銘柄コード	91430
市場	東京
決算月日	3/31 9/30

お受取金額の明細	(円)
約定金額	1918000
諸経費合計	15852
(手数料)	14678
(消費税)	1174

大和証券株式会社

取引報告書の一部

売買結果

572万円－486万円＝
購入から１週間足らずで
86万円の儲け！

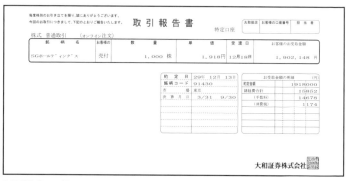

株価はその後、翌日（12月14日）に2200円を付け、その後もどんどん上昇していき、年末（12月29日）には2300円を超えるくらいの高騰ぶりでした。もし年末まで持っていれば、約120万の儲けとなりました。

その値上がりを見て、私の担当の証券会社の営業マンは「売らずに持っておくべきでしたね…」と残念そうに言ってきましたが、それは「…たら」「…れば」の世界です。

何度も言っておりますが、株の値動きが上がるか下がるかは誰にも分かりません。ですので私は、当初自分で決めた「IPOは初値売り！」のルールに則って売却しました。

「もっと儲けたい…」「証券会社の営業マンが売るなと言っている…」などと、自分のルールを無視したことで、結局損をしてしまったこともあります。今までそのような失敗を何度も繰り返したことがあるので、今回は周りの声に左右されることなく売買を行えておりますが、やはり私も人間です。気持ちが揺らぐことはあります。当初決めたルール守って機械的に売買するというのは、難しいものです。

皆さんもぜひ相場に参入して、自分の気持ちとの戦いを体験してみてください。

あとがき

「人間は自分が思った通りの人間になる——」

私はいつもそう思っています。

「お金持ちになりたい」「幸せになりたい」と多くの人が思いますが、その思いのために何をしていかなければならないか？　と具体的に行動する段階で次のステップになかなか進めないのが現状ではないでしょうか。

お金持ちになりたいから株式投資をしたいけれど、沢山勉強しないとできなさそうだし、それなら証券会社に全部任せた方が楽ではないか？　と思う人は多いでしょう。でも証券会社は手数料収入がほしいだけで、知識のない投資家を金持ちにさせてくれることはありません。

私は2人の子供たちに株式投資を教える上で、なるべく覚えることは少なくしました。そして、人に頼らず自ら興味を持ち、自分の意志で売買できるようになるための方法を教えたつもりです。

また、大金持ちになる必要はなく、「中金持ち」へのステップとしての株式投資を教えました。「中金持ち」とは、普通の生活を送る上で、少しだけお財布にゆとりがある人生のことです。そこそこのお金を自由に使える人生が心地よいと思い、その手段として株式投資があることを教えたかったのです。

かつて、通勤・通学の電車の中では、新聞、雑誌、文庫本を読む人が多かったですが、今ではスマホをいじっている人が圧倒的多数になっています。

この光景を見て、「あぁ、もはや本は売れない時代なんだなぁ。今回のように本を書いても、読んでくれる人は果たしているのだろうか…」と心配になってしまうほど、今では電車の中で本を読む人の数は減っていると思います。

「みんな、スマホで何をしているのだろうか?」と覗き込んで見ると、ゲームを楽しんでいる人が結構いることが分かります。しかも若い人だけでなく、50才以上の中高年まで。その浸透度合いたるや、凄まじいものを感じます。

いまのゲームは、その日や時間ごとに何らかのイベントがあったり、仲間や知らない人と一緒になって遊べたりと、長い期間飽きずにドキドキ楽しめる様々な工夫が施されています。

聞くところによると、スマホゲームに夢中になっている人は、通勤・通学の電車の中だけでなく、昼休み、そして就寝につく前の時間などもゲームに没頭しているのだとか。

私からすると、同じ時間を使ってゲームでドキドキするのならば、スマホで株式投資をしてドキドキした方がよっぽどいいと思います。その方がリアルに使えるお金をゲットすることができるのですから。

スマホゲームに熱中している人は、投資をする素質はあると思います。次々と新しいゲームが出てくる中で面白いゲームを探し出す嗅覚は、これから儲かりそうな株を見つける能力と同じような気がするからです。

これから人気が出ると思われるスマホゲームをいち早く見つけて、それを運営している会社の株を買うことに力を注いだ方が、稼げる投資家になると思います。

私がいままで株で儲けた利益の多くは、毎日の通勤電車の中で株をチェックしていることによって得たものです。

２０１７年の一番いい時は5日間で２００万円の利益が出たこともありますが、その半分は通勤時間での株取引で稼いだものです。年末に友人とタイに行ったときの旅行資金も直前に2週間の取引で稼いだものでした。

スマホゲームをして運営会社を儲けさせる人生と、株式投資によりリアルマネーを手にする人生、あなたはどっちを選びますか？

最後になりましたが、私の子供たちへの株式投資のレクチャーを大変面白いと興味を持っていただいた双葉社書籍編集部の旭和則さんにお礼を申し上げます。

ありがとうございました。

矢久　仁史

矢久仁史（やく　ひとし）

1962年東京都生まれ。大学卒業後、都内のメーカーに就職し、現在営業企画部部長。株式投資歴は30年以上になる。投資対象は日本、中国、アメリカ、インド、タイなどの現物株や新興国関連の投資信託、外貨、債券など幅広い。旅行が好きで、大学時代は国内ではヒッチハイクと野宿で全国を回り、海外も様々な国をバックパッカーとなって放浪。現在でも年に４～５回は有給休暇を上手に使って海外旅行を楽しんでいる。趣味の旅行、ゴルフの費用はすべて株式投資の利益でまかなっている。お金の神様といわれた邱永漢氏（故人）の大ファンで、以前、邱氏のブログ「ハイQ」への質問の返答で、投資商品が広がり過ぎていることを指摘され、「あなたは材木屋だ」と邱氏より言われたことがある（材木屋＝気が多い）。定年後は投資で築いた資産で海外移住することを目標に、日々投資活動を行っている。

まんが：藤井ひまわり　http://hdj.in.coocan.jp/（ひまわりデザイン事務所HP）
協　力：楽天証券株式会社

株《かぶ》で3億稼《おくかせ》いだサラリーマンが息子《むすこ》に教《おし》えた投資術《とうしじゅつ》

2018年5月23日　第1刷発行
2018年7月11日　第2刷発行

著　者　　矢久仁史《やくひとし》
まんが　　藤井《ふじい》ひまわり
発行者　　稲垣　潔
発行所　　株式会社双葉社
〒162-8540 東京都新宿区東五軒町3-28
☎03-5261-4818（営業）☎03-5261-4869（編集）
http://www.futabasha.co.jp/
（双葉社の書籍・コミック・ムックが買えます）
印刷所　　三晃印刷株式会社
製本所　　株式会社宮本製本所
デザイン　三晃印刷デザイン室
編集　　　旭和則（双葉社）

ISBN 978-4-575-31359-8 C0076